KB015664

원인과 **결과**의 **법칙 2**

뿌린 대로 거둔다

일러두기

1. 이 책은《원인과 결과의 법칙》(2021)을 분권하여 만든 개정판 중 2권입니다.
2. 제임스 앨런의《The Path to Prosperity》(1901)와《The Life Triumphant: Mastering the Heart and Mind》(1908)를 온전히 우리말로 옮겼습니다.

원인과 결과의 법칙 2
뿌린 대로 거둔다

제임스 앨런 지음
조대호 옮김

THE PATH TO PROSPERITY
THE LIFE TRIUMPHANT

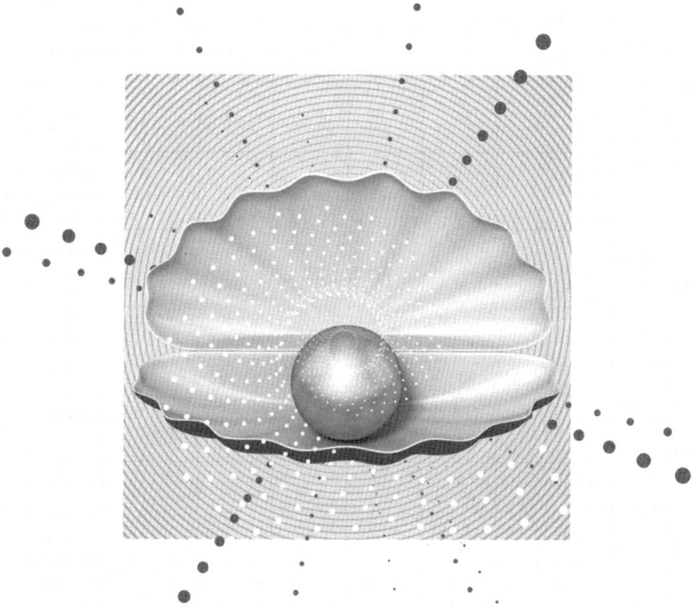

지식여행

옮긴이의 말

꿈과 희망을 꺾을 수 있는 것은 자신뿐이다

제임스 앨런(James Allen, 1864~1912)은 20세기 초반에 독자적인 사상 철학을 남긴 작가이다. 영국 중부의 레스터에서 태어난 앨런은 15세 때 가족과 함께 미국으로 건너갔으나 급작스러운 사고로 부친을 잃고, 경제적인 어려움 때문에 학교를 그만두고 가족의 생계를 떠맡게 된다. 그 후 집필에 전념하기까지 독학으로 공부와 생업을 병행했다.

앨런의 집필 경력은 1902년부터 1912년까지의 약 10년간으로 비교적 짧은 기간이었다. 이 책 《원인과 결과의 법칙》 시리즈는 그가 생애 집필한 19권의 저서 가운데 그의 핵심적인 철학을 담고 있는 7권을 편집한 것이다. 제임스 앨런 사상의 핵심은 '마음속에 있는 힘이 모든 것의 열쇠다'라는 구절에 함축되어 있으며 수많은 사람들의 성공 철학에 지대한 영향을 미쳤다. 불교 사상에도 깊이 심취한 그의 사상은 '모든 것은 우리들이 생각하는 것의 결과다'라는 부처의 가르침과도 상당 부분 일치하고 있다.

이런 앨런이 전하고자 하는 메시지는 '사고와 실천이 어떻게 연결되어 있는가?' 또는 '꿈이나 이상을 어떻게 현실로 바꾸어가면 좋겠는가?' 하는 방법에 관한 내용이다. 그 방법은 자신 안에 감추어진 능력이나 힘을 어떻게 마음껏 살리며 살아가는지에 맞춰져 있다.

"생각이나 사고는 현실이 된다."

앨런의 저서 속에 몇 번이고 등장하는 구절이다.

'생각하거나 사고하는 것만으로 소망이 실현된다니, 그런 일은 있을 수 없어!'라고 생각하는 사람에게는 어딘지 미심쩍은 마법의 주문으로 들릴지도 모르겠다. 하지만, 인생을 살다보면 그런 일들을 자주 목격하거나 경험하게 된다. 하늘이 도와 기적처럼 실현된 일도, 알고보면 정말 단순하게 마음으로부터 나온 것이라는 사실을 목도하기도 한다. 머리를 이리저리 굴려 그럴듯한 이유를 갖다 붙인 것이 아니다.

'생각이나 사고는 반드시 실현된다'고 하는 것이 모든 이들의 상식이 되면, 좀 더 자유로운 발상으로 살아가는 사람이 늘게 되지 않을까? 그렇게 살아가는 것이 당연해진다면…….

이처럼 자신의 변화를 깨달아가면 분명 주변 사람들도 점점 변해간다. 심지어 모든 사건과 자신을 둘러싼 사람들이 차례차례 메시지를 보내고 있는 것처럼 느껴지기도 한다.

제임스 앨런의 이야기로 돌아가면, 앨런은 '명상의 달인'이라고 불리는 사람이었다. 앨런의 메시지는 명상과 경험에서 얻은 지혜를 자신의 생활 방식에 실천하여 깨달은 것을 기록한 것이다. 앨런이 날씬하고 몸집이 작은 편이며 온화한 어조 속에 위엄을 느끼게 하는 풍모를 지녔던 덕분인지 그의 메시지에는 청렴결백한 성자 같은 분위기가 있다. 그러나 그의 사상은 종교가 아니기 때문에 모든 것을 믿고 따를 필요는 없다. 마음에 와닿는 테마에 대해 마음으로 생각하고 깨닫는 점이 있으면 좋겠다고 생각한다. 자신에 대해, 주위 사람들과의 관계에 대해, 이 세계에 대해 무언가 새로운 것을 깨달아가면 자기 나름의 성장과 변화를 이루는 계기가 될 수 있을 것이다.

앨런의 메시지를 독자가 어떤 기분과 상황에서 읽게 될지 모르겠으나, 꿈과 희망은 아무리 부풀려도 괜찮다고 생각한다. 마음만은 언제나 자유로운 것이니까. 꿈과 희망은 누구에게도 꺾이지 않는다. 꺾을 수 있는 것은 자기 자신뿐이다. 행복하게 살아가는 사람의 여유는 그의 생활 방식을 보고 있는 사람들에게도 전해진다. 사람이 기뻐하고 즐거워하는 모습은 별다른 이유가 없어도 다른 사람의 마음을 기쁘게 하기 때문이다. 사람은 '자기답게' 살아가는 것만으로도 충분히 주변에 베푸는 삶을 살아갈 수 있다. 그것이야말로 제임스 앨런이 우리에게 주는 선물 같은 메시지이다.

조대호

머리말

진정한 성공, 진정한 행복, 진정한 부의 근원을 찾다

우리는 각자 자기 마음의 세계 속에서 살고 있다. 우리의 기쁨이나 슬픔은 우리 마음이 만들어내는 것이고 그것을 유지하는 것도 마음이다.

대다수 사람들은 죄와 슬픔의 어둠에 싸인 암울한 세상에서 살아가지만 현명한 소수의 사람들은 밝고 기쁨의 빛이 넘치는 지극히 복된 세계를 살아간다. 후자는 자신의 마음을 컨트롤하는 데에 성공하여 더없이 고귀한 인격을 갖춘 사람들이다.

하지만 이 지극히 복된 세계는 어둠 속에서 살아가고 있는 사람들이 상상하는 것처럼 '아주 먼 곳에 있는, 평범한 사람들은 도달할 수 없는 목표(goal)'가 아니다. 그것은 아주 가까운 곳에 있고, 그 안으로 들어가는 방법을 알고 그것을 행하면 누구나 들어갈 수 있다.

실제로는 아무런 힘이 없고 금세 사라져버릴 운명인 그것의 가치를 믿고 거기에 집착하는 한 우리는 탄식과 슬픔을 갖고 죄를 범하며 그것을 후회하는 인간으로 계속해서 살아갈 수밖에 없다.

그러나 이런 망상을 떨쳐버리고 정말로 가치가 있는 것에 집중하기 시작하는 순간부터 상황은 달라진다. 그때부터 우리는 보다 나은 인생을 목표로 가치 있는 일들을 하나하나 달성해가는 인간으로 살아가기 시작할 것이다.

나는 주변 세상을 차분하게 관찰했다. 그리고 그곳이 어둠으로 덮여 슬픔과 고통의 맹렬한 불길에 타고 있는 것을 깨달았다.

나는 그 원인을 찾으려 세상에 눈을 돌렸지만 찾지 못했다. 그러나 어느 순간 나의 내면으로 눈을 돌리자, 원인은 그곳에 있었다. 그곳에는 세상의 슬픔과 고통의 원인이 모두 있었다. 나는 한 치도 움직이지 않는 바로 그곳에서 그 원인의 기원과 성질을, 나아가서는 원인을 없애는 방법도 발견하기에 이르렀다.

나는 한 법칙을 발견했다. 그것은 사랑의 법칙이었다.

나는 한 생명을 발견했다. 그것은 인간이 사랑의 법칙과 조화하도록 이끄는 생명이었다.

나는 진실을 발견했다. 그것은 정돈되어 있는 조용하고 순종적인 마음의 진실이었다.

그리고 나는 책을 내고 싶다는 생각을 했다. 부자이든 가난한 사람이든, 배운 사람이든 못 배운 사람이든, 정신론자든 유물론자든 그들의 내면에서 진정한 성공, 진정한 행복, 진정한 부의 근원을 발견하고, 그것을 키워내는 것을 돕기 위한 책을 말이다.

나는 그 꿈을 계속 품어왔다. 그리고 지금 겨우 그 꿈이 이루어지려고 한다.

치유와 축복과 번영의 사명을 띤 이 꿈의 책이 받아들일 준비를 마치고 기다리는 모든 사람들의 곁에 전해지길 바라면서, 나는 지금 이 책을 세상을 향해 내보내려 한다.

제임스 앨런

차 례

2 눈부신 인생

1

번영의 길

01

악이라는 이름의 교훈

불안과 고통과 슬픔은 인생의 어둠이다. 세상을 살다 보면 누구나 가슴 아픈 고통을 겪게 되고, 근심과 곤란의 어두운 바다에서 마음이 어지러워지고, 형언하기 어려운 고뇌의 뜨거운 눈물이 눈앞을 가로막는 체험을 하게 된다. 가슴이 찢어지는 아픔을 주고 슬픔의 어두운 장막을 드리우는 질병과 죽음이라는 파괴자는 누구에게나 찾아온다. 파괴할 수 없을 듯 보이는 강한 악의 올가미에 모든 사람이 얼마간 꽉 붙잡혀 있어서 고통, 불행과 악운이 숙명처럼 모든 이를 계속해서 기다린다.

사람들은 이 어두운 그림자에서 벗어나기 위해, 또는 그것을 어떤 식으로든 누그러뜨리기 위해 맹목적으로 무수한 계획을 성급히 시도한다. 어리석게도 그들은 그런 방법을 통해 안정된 행복의 경지에 들어서기를 희망하는 것이다. 말초적인 흥분에 탐닉하는 술꾼과 창녀들, 세상의 슬픔을 외면한 채 인간을 무기력하게 만드는 사치스러운 생활에 빠진 배타적인 심미주의자, 부와 명성을 갈망하고 그 실현을 최우선으로 여기는 자, 종교적인 의식을 이행하는 데서 위안을 찾는 자들이 바로 그런 사람들이다.

그들의 눈에는 자신이 추구하는 행복이 금방이라도 손에 잡힐 듯 보인다. 그래서 그들은 잠시 동안, 달콤한 방심에 빠져 악의 존재를 잊고 안일하게 지낸다. 그러나 병에 걸리는 날이 결국 찾아오게 되며, 나약한 영혼에게는 어느 날 갑자기 엄청난 슬픔, 유혹, 불운이 습격하기 마련이다. 그리하여 그들의 공상적인 행복은 산산조각나게 된다.

고통으로부터의 자유

모든 개인적인 즐거움의 배후에는 고통을 안겨주는 위험이 항상 도사리고 있다. 올바른 지식으로 무장하지 않은 이의 영혼은 언제 어느 때나 고통의 습격을 받아 좌절에 빠지기 쉽다.

아이는 어른이 되고 싶은 마음이 간절하고, 어른은 잃어버린 어린 시절의 행복을 그리워한다. 가난한 자는 자신을 옭아매는 가난의 굴레에 짜증을 내고, 부자는 가난에 대한 두려움에 휩싸여 살거나 혹은 스스로 행복이라 이름 지은 종잡을 수 없는 그림자를 찾아 세상을 해맨다.

인간의 영혼은 때로 특정 종교를 택하고, 논리와 철학을 받아들이고, 지적·예술적 이상을 세우는 데서 보다 확실한 평화와 행복을 추구하기도 한다. 그러나 어떤 압도적인 유혹을 겪고 나면, 종교는 부적절하거나 불충분함을 드러낸다. 철학 이론은 쓸모없는 버팀목임을 깨닫게 된다. 지성과 예술의 열광적인 추종자가 수년 동안 숱한 노력을 바쳐 추구해온 이상은 한순간에 물거품이 되어버린다.

정녕 인생의 고통과 슬픔에서 벗어날 방법은 없는 것인가? 악의 속박을 끊어낼 방법은 없는 것인가? 영원한 행복, 안정된 번영, 그리고 지속적인 평화는 바보 같은 꿈에 지나지 않는 것인가?

아니, 그렇지 않다. 분명 방법은 있다. 지금부터 악을 영원히 근절할 수 있는 방법에 대해 기꺼이 이야기하려 한다. 질병, 가난, 불행한 조건이나 상황을 다시는 겪지 않도록 근원적으로 극복할 수 있는 방법이 있다. 역경이 재발할 거라는 두려움이 전혀 없는, 영구적인 번영을 확보할 수 있는 방법이 있다. 또한, 온전하고 영구적인 평화와 행복을 누릴 수 있게 하는 실천 방법이 있다. 이러한 영광스러운 삶을 실현하는 길은 악의 본질에 대한 올바른 이해로부터 시작된다.

악이라는 이름의 스승

악을 부정하거나 무시하는 것으로는 충분치 않다. 악에 대한 이해가 필요하다. 악을 없애달라고 신에게 기도를 드리는 것만으로는 충분하지 않다. 악이 존재하는 이유와 악이 주는 교훈이 무엇인지 알아내야 한다. 당신을 속박하는 굴레에 대해 화내고, 초조해하고, 안달하는 것은 아무 소용이 없다. 당신이 왜, 어떻게 속박을 받고 있는지 알아야 한다.

그러므로 독자여, 당신은 객관적인 입장에 서서 스스로를 반성하고 이해하는 작업에 착수해야 한다. 당신은 경험이라는 학교에서 문제아가 되는 것을 그만두고, 정신의 고양과 인격 완성이라는 궁극의 목적을 위해 설정된 악의 교훈을 겸손하고 인내하는 자세로 배우기 시작해야 한다. 왜냐하면 악이란, 올바로 이해하기만 하면, 이 우주에서 무소불위의 힘이나 원리가 아니라 인생 경험의 한 통과 단계일 따름이고, 따라서 배우려는 사람에게 스승이 되어주기 때문이다.

악은 당신 외부에 존재하는 추상적인 무엇이 아니다. 그것은 바로 당신이 마음속에서 구체적으로 느끼는 경험이다. 자신의 마음을 꾸준히 점검하고 바로잡는다면, 당신은 점차 악의 근원과 본질을 발견하게 될 것이며, 종국에는 반드시 악을 완전히 근절할 수 있을 것이다.

모든 악은 교정과 치료가 필요한 성향을 가지고 있으므로, 영속적인 게 아니다. 악은 사물과 현상의 진정한 본질과 관계에 대한 무지에 뿌리를 두고 있다. 우리가 그러한 무지의 상태에 머물러 있는 한, 악에 대한 예속 상태는 계속될 수밖에 없다.

세상의 모든 악은 무지의 결과로 생겨난다. 우리가 기꺼이 악의 교훈을 배우려는 자세로 임한다면, 악은 우리를 좀더 고차원적인 지혜로 인도하고 나서 사라져버릴 것이다. 그러나 사람들은 여전히 악의 함정에 빠져 있으며, 악은 사라지지 않았다. 악의 교훈을 배울 자세가 갖춰져 있지 않기 때문이다.

내가 아는 한 아이는 엄마가 그를 잠자리에 데려갈 때마다 엄마에게 촛불을 가지고 놀게 해달라고 떼를 썼다. 그러던 어느 날, 그 아이는 엄마가 잠시 자리를 비운 틈을 타서 촛불을 손에 쥘 수 있게 되었다. 피할 수 없는 결과가 뒤따랐고, 그 아이는 다시는 초를 가지고 놀려 하지 않았다. 단 한 번의 어리석은 행동으로 인해 아이는 부모님 말씀에 순종해야 한다는 교훈을 철저히 깨달았으며, 불은 뜨겁다는 지식을 갖게 되었다.

이 이야기는 모든 죄와 악의 본질과 의미, 궁극적인 결과를 완벽하게 설명해주고 있다. 그 아이가 불의 성질을 몰라서 고통을 겪은 것처럼, 그보다 훨씬 나이 든 '아이'들도 그들이 간절히 원하고 또한 얻고자 애쓰면서도 막상 얻고 나면 그들에게 해를 끼치는 것들에 대한 무지로 인해 고통을 겪는다. 다만 후자의 경우, 무지와 악이 좀더 깊은 뿌리를 가지고 있고 그 실체가 더 모호하다는 점이 다를 뿐이다.

어둠은 일시적인 것일 뿐이다

악의 상징은 항상 어둠이었고, 선의 상징은 언제나 빛이었다. 이러한 상징 체계 안에 선과 악에 대한 정확한 해석, 즉 진실이 들어 있다. 빛은 언제나 우주에 가득하고, 어둠은 끝없이 광대한 빛의 몇 줄기만을 차단하는 작은 물체에 의해 생긴 그림자나 반점에 불과하듯, 최고선의 빛은 우주에 가득 충만한 긍정적 힘이자 생명을 주는 힘이며, 악은 침투하려 애쓰는 빛의 광선을 차단하고 막는 '이기적 자아'에 의해 드리워진 작은 그림자에 불과하다.

밤은 빛이 통하지 않는 암흑의 장막으로 세상을 덮어버린다. 그러나 그 어둠이 아무리 짙을지라도, 밤은 우리가 살고 있는 작은 행성의 절반 정도의 공간만을 덮을 뿐이다. 반면에 우주 전체는 강렬한 빛으로 밝게 빛나고 있으며, 모든 영혼은 자신이 아침 빛에 깨어날 것을 알고 있다.

그렇다면 슬픔과 고통, 불행의 어두운 밤이 당신의 영혼을 뒤덮고 당신이 확신 없는 지친 발걸음으로 비틀거리며 걸을 때는, 당신이 기쁨과 행복의 무한한 빛을 당신의 개인적인 욕구로 가로막고 있을 뿐이라는 것을, 그리고 당신을 뒤덮은 어두운 그림자는 그 어느 누구도 아닌 바로 당신 자신이 드리운 그림자라는 것을 알도록 하라.

외부의 어둠이 근원도 방향도 일정한 거처도 없는 비현실, 즉 소극적인 그림자인 것처럼 내면의 어둠도 빛에서 태어나 발전해가는 영혼을 비추고 지나가는 소극적인 그림자이다.

"그런데 도대체 왜 악의 어둠을 통과해야 한단 말인가"라고 누군가 묻는다면 이렇게 대답하겠다. "왜냐하면 당신이 자신의 무지로 인해 그렇게 하기로 선택했기 때문이오. 그리고 어둠을 뚫고 지나감으로써 당신은 좀더 많은 빛을 감지해낼 수 있고, 선과 악을 보다 잘 이해할 수 있을 것이기 때문이오." 모든 악은 무지의 직접적인 결과다. 따라서 당신이 악의 교훈을 충분히 숙지한다면 무지는 어느덧 사라지고 지혜가 그 자리를 대신하게 될 것이다.

그러나 반항적인 아이가 학교 수업을 거부하듯이 경험의 수업을 배우지 않으려 할 수도 있고, 그리하여 계속적인 어둠속에 머무르고 질병, 실망과 슬픔의 형태로 거듭 발생하는 형벌을 겪을 수도 있다. 그러므로 자신을 에워싸는 악을 떨쳐버리려는 사람은 기꺼이 배우려는 자세를 가져야 하며 단련과 수양의 과정을 견뎌낼 각오가 되어 있어야 한다. 그 과정 없이는 지혜나 영구적인 행복과 평화가 조금도 확보될 수 없다.

스스로 어두운 방에 틀어박혀 빛의 존재를 거부하는 사람이 있을 수도 있다. 그러나 빛은 외부의 모든 곳에 퍼져 있으며, 어둠은 단지 그의 작은 방 안에만 존재할 뿐이다. 마찬가지로 당신은 진리의 빛을 마음에 받아들이지 않을 수도 있고, 또는 자신의 둘레에 쌓아올린 편견과 이기주의와 그릇된 생각의 장벽을 쓰러뜨리는 작업을 시작함으로써 어디에나 존재하는 찬란한 진리의 빛을 받아들일 수도 있다.

진지한 자기반성을 통해, 악은 지나가는 한 단계이며 자신이 만들어낸 그림자에 불과하다는 사실을 단지 이론으로만 인정하지 말고 철저히 실감하도록 노력하라. 또한 당신이 겪는 모든 고통, 슬픔, 그리고 불행은 오류 없이 절대적으로 완전한 우주적 법칙에 의해 당신에게 온 것임을, 당신이 그런 일을 당할 만하고 그런 일을 겪을 필요가 있기 때문에 당신에게 온 것임을, 그런 일을 견뎌내고 이해함으로써 당신은 더 강해지고 더 현명해지고 더 고귀해질 수 있음을 깨닫도록 노력하라.

그와 같은 깨달음에 충분히 들어섰다면, 당신은 자신의 환경을 스스로 만들고, 모든 악을 선으로 바꾸고, 뛰어난 솜씨로 운명의 천을 짤 수 있는 능력을 이미 갖춘 셈이다.

지금은 밤이지만, 오 깨어 있는 자여!
희미하게 동터오는 새벽이,
태양빛을 예고하는 황금빛 사자(使者)인 여명이
산꼭대기에 보이는가?
여명의 고운 빛줄기가 산꼭대기에 드리워져
어둠을 쫓아내기 위해, 그리고 어둠과 함께
밤의 모든 악마들을 몰아내기 위해

빛이 오고 있다. 빛의 광선이 그대의 시야를 비추는가?
죄인들의 운명을 알리는 그의 목소리를 그대는 듣는가?

빛의 연인인 아침이 오고 있다.
산등성이를 지금도 황금빛으로 물들이면서
나는 밤을 향하여 지금도 다가오고 있는
빛의 진로를 어렴풋이 본다.

어둠은 사라질 것이다. 그리고 어둠을 사랑하고
빛을 미워하는 모든 것들은
밤과 함께 영원히 사라질 것이다.
기뻐하라!
빠르게 다가오고 있는 사자가 이렇게 노래하므로.

02

세상은 내면의 거울

당신이 어떤 존재인가에 따라, 당신의 세계가 만들어진다. 외부 세계에 있는 모든 것은 당신의 내면적 경험으로 바뀌어진다. 외부에 존재하는 것들은 별로 문제가 되지 않는다. 그것들은 모두 당신의 의식 상태를 비추는 영상이기 때문이다. 당신의 내면에 있는 것이 결정적으로 중요하다. 외부에 있는 모든 것이 이에 따라 비춰지고 채색되기 때문이다.

당신이 확실히 알고 있는 모든 것은 당신 자신의 경험 속에 들어 있는 것이다. 당신이 앞으로 알게 될 모든 것은 경험의 문을 거쳐서 들어온 다음 당신 자신의 일부가 된다.

당신의 생각, 욕망, 열망이 당신의 세계를 구성한다. 아름다움과 즐거움과 행복의 세계에 속한 모든 것, 추악함과 슬픔과 고통의 세계에 속한 모든 것이 당신 자신 안에 들어 있다. 당신의 생각에 따라 당신의 삶, 당신의 세계, 당신의 우주가 만들어지거나 망가진다.

당신이 생각의 힘으로 내면적 삶을 구성하듯이, 당신의 외적인 삶과 상황도 그에 따라 만들어진다. 마음속 가장 깊은 곳에 품고 있는 모든 생각은 필연적인 반작용의 법칙에 의해 머지않아 당신의 외적인 삶에 그 형상을 만들게 된다.

불순하고, 야비하고, 이기적인 영혼은 불행과 파멸을 향해 지극히 정확하게 끌려가고 있다. 순수하고, 이타적이고, 고귀한 영혼은 행복과 번영을 향해 똑같은 정확함으로 끌려가고 있다. 모든 영혼은 제각기 자신에게 속한 것만을 끌어당기며, 영혼에 이질적인 것은 결코 그 영혼에 도달할 수 없다. 이 점을 깨달으면 성스러운 법칙의 보편성을 깨닫게 된다.

어떤 이의 생활 속에서 벌어지는 사건들은, 성공이든 실패든, 그 영혼의 정신세계가 지닌 특성과 힘에 이끌려 일어난 것이다. 모든 영혼은 경험과 생각이 모여 이루어진 복잡한 결합체이며, 몸은 영혼을 나타내주기 위해 만들어진 매개체에 불과하다. 그러므로 당신이 생각하는 바가 당신의 실제 자아이며 당신이 경험하는 세상은 당신의 생각이 세상에 투사한 모습을 띠고 있다.

외부 환경은 당신 삶의 주인이 아니다

부처는 이렇게 말했다. "우리의 현재 상태는 모두 지금까지 우리가 생각해온 것의 결과이다. 정신적 상태는 생각에 기초하며, 생각으로 이루어져 있다." 그러므로 어떤 이가 행복하다면 그가 행복한 생각 속에 살기 때문이고, 불행하다면 의기소침하고 무기력한 생각에 젖어 있기 때문이라는 결론이 나온다. 어떤 이가 겁이 많든 대담하든, 어리석든 현명하든, 불안하든 평온하든 간에, 그가 처한 모든 정신 상태의 원인은 그의 영혼 내면에 있으며, 결코 외부에 있지 않다.

지금 독자들이 일제히 외치는 목소리가 들리는 것 같다. "그런데 당신은 정말로 외부적인 상황이 우리의 정신에 아무런 영향을 끼치지 않는다는 겁니까?"라고. 나는 그렇게 단정적으로 말하는 것이 아니다. 상황은 단지 당신 스스로 허용할 경우에만 당신에게 영향을 끼친다고 말하려는 것이고, 이것은 의심할 여지없는 진리이다. 당신은 생각의 본질, 효용, 힘을 올바로 이해하지 않고 있기 때문에 상황에 좌우되는 것이다. 당신은 외부 상황이 당신의 삶을 성공으로 이끌거나 망치게 하는 힘이 있다고 믿는다(그리고 믿음이라는 이 단어 하나에 따라 우리의 모든 슬픔과 기쁨이 결정된다). 그렇게 믿음으로써 당신은 외부 상황에 굴복하고, 외부 환경이 당신을 절대적으로 조종하는 주인이며, 당신은 노예라고 스스로 인정하고 있다. 또한 그렇게 믿음으로써 당신은 아무런 힘도 없는 외부 상황에 힘을 부여한다. 그런데 당신이 굴복하는 대상은, 실은 상황 그 자체가 아니라 당신의 정신세계가 외부 상황에 투사한 우울함이나 기쁨, 두려움이나 희망, 장점이나 약점이다.

두 사람 이야기

나는 언젠가 젊은 나이에 몇 년 동안 힘들게 일해서 번 돈을 잃어버린 두 사람의 얘기를 들은 적이 있다. 한 사람은 아주 많이 고통스러워하고, 분노를 터뜨리고, 걱정하고, 낙담하였다.

그러나 다른 한 사람은 자신이 돈을 맡긴 은행이 아무런 가망 없이 파산해버렸다는 신문 기사를 읽고 이제 돈을 되찾을 길이 없다는 사실을 알았지만, 그저 조용하고 단호하게 다음과 같이 말했다. "다 끝난 일이야. 괴로워하고 걱정한다 해도 그 돈은 다시 돌아오지 않아. 열심히 일해서 다시 벌어야지"라고. 그는 새로운 각오로 열심히 일하기 시작했고, 얼마 안 가 많은 돈을 벌게 되었다. 반면에 앞 사람의 경우는 돈을 잃은 걸 슬퍼만 하면서, 자신의 '불운'에 대해 푸념만 늘어놓다가 결국 불행한 상황의 노리개로 전락하고 말았다. 나약하고 비굴한 생각이 그대로 현실로 굳어진 것이다.

그에게는 돈을 잃은 일이 저주의 씨앗이었다. 그는 어둡고 침울한 생각으로 그 사건을 해석했기 때문이다. 하지만 똑같은 일이 다른 이에게는 축복이었다. 그는 그 사건을 강하고 희망적인 생각으로 해석했고, 새로운 각오로 노력을 했기 때문이다.

만약 축복을 주거나 해를 끼치는 힘이 상황 자체에 있다면, 상황은 모든 사람들에게 똑같이 축복을 내리고 해를 끼칠 것이다. 그러나 똑같은 상황이라도 각각의 사람에 따라 좋을 수도 있고 나쁠 수도 있다는 사실은 선이나 악이 상황 자체에 있지 않고, 상황을 받아들이는 사람의 정신 속에 있다는 것을 증명한다.

이 점을 깨닫기 시작할 때, 당신은 자신의 생각을 단속하고, 자신의 정신을 다스리고 훈련시키기 시작할 것이며, 당신의 영혼이라는 내면의 신전을 다시 지어서 쓸모없고 불필요한 생각은 모두 없애고, 기쁨과 평온, 힘과 생명, 동정심과 사랑, 아름다움과 불멸의 생각만을 당신의 존재 안으로 통합시키기 시작할 것이다. 그리고 그렇게 함에 따라 당신은 기쁨과 평온, 힘과 건강, 동정심과 사랑으로 충만하게 되고, 불멸의 미로 아름다워질 것이다.

우리가 각자 자신의 생각이라는 색안경을 통해 사건을 체험하는 것처럼, 우리는 주변의 현실 세계에서 보이는 대상들도 자신의 생각이라는 색안경을 통해 본다. 그래서 어떤 이가 조화와 아름다움을 보는 곳에서 다른 사람은 역겨움과 추함을 보기도 한다.

어떤 열성적인 자연주의자가 어느 날 취미 삼아 시골길을 돌아다니다가 농장 근처에서 연못 하나를 발견했다. 그는 현미경으로 검사해볼 목적으로 작은 병에 물을 담기 위해 그쪽으로 가면서, 옆에 서 있던 어리숙해 보이는 농사꾼에게 이 연못 속에 숨어 있는 수많은 놀라운 현상에 대해 열광적으로 설명하였고, 다음과 같은 말로 끝을 맺었다. "그래요. 이 연못 속에는 수백, 아니 수만 개의 세계가 들어 있어요. 이를 알아볼 수 있는 감각이나 도구가 있다면 그 세계를 이해할 수 있을 텐데……."

그러자 그 소박한 농부는 지루한 목소리로 이렇게 말했다. "저 연못에는 올챙이가 많이 있죠. 잡기도 쉬워요."

이 자연주의자의 정신은 자연현상에 대한 지식으로 가득 차 있어서 아름다움과 조화, 그리고 숨겨진 장관을 연못에서 보았지만, 과학 지식을 전혀 모르는 이 농부는 같은 연못을 보면서도 불쾌한 흙탕물만 보았다.

어떤 여행자가 길을 가다 무심코 밟아버린 들꽃도 시인의 영감 어린 시선으로 바라보면 하늘에서 내려온 천사의 메신저로 보인다. 많은 이들에게 바다는 그저 배가 항해하고 가끔씩 조난을 당하기도 하는 넓디넓고 적막한 물의 공간일 뿐이다. 그러나 음악가의 영혼을 지닌 사람에게 바다는 살아 있는 생명체이며, 그는 시시때때로 변하는 바다의 분위기 속에서 신성한 화음의 소리를 듣는다. 보통 사람들이 재난과 혼란을 보는 곳에서, 철학자의 정신을 지닌 사람은 가장 완벽한 인과 관계의 연속을 본다. 또한 유물론자가 끝없는 물질현상만 보는 곳에서, 신비주의자는 영원한 생명의 약동을 본다.

생각의 안경에 따라 세상이 보인다

우리는 자신의 생각이라는 색안경을 통해 사건과 대상을 바라보는 것처럼, 다른 사람을 대할 때도 생각의 색안경을 통해 바라본다. 의심이 많은 사람은 모든 사람이 의심스럽다고 믿는다. 거짓말쟁이는 세상에 정말로 진실한 사람이 있다고 믿는 건 바보같은 짓이라고 생각해야 마음이 편해진다. 시기심 많은 사람은 다른 모든 사람들도 시기심이 많다고 생각한다. 구두쇠는 모든 사람들이 자신의 돈을 탐내고 있다고 생각한다. 양심을 속이면서까지 재물을 쌓는 사람은 잠잘 때 베개 밑에 권총을 넣어두면서 세상은 자기 돈을 강탈하려는 자들로 넘치고 있다는 망상에 사로잡힌다. 방탕한 호색가는 성인을 위선자로 간주한다.

반면 사랑에 충만한 생각을 하며 살아가는 사람은 모든 사람 안에서 자신의 사랑과 동정심을 일으키는 장점을 본다. 의심할 줄 모르고 정직한 사람은 의심으로 인한 고통을 받지 않는다. 본성이 착하고 인정이 많은 사람은 다른 사람들의 행운에 기뻐하며 질투의 의미를 알지도 못한다. 또한 자기 내면의 신성을 깨달은 사람은 모든 생명 안에서, 심지어 짐승 안에서도 신성을 알아본다.

사람들은 인과의 법칙에 따라 자신들이 뿌린 대로 거두게 되고, 자신과 비슷한 생각을 가진 사람들과 만나게 되어 있다는 사실 때문에, 자신들의 정신적 시야를 바꾸지 못하고 고정관념이 깊어지기 쉽다. 유유상종이란 속담은 사람들이 흔히 이해하고 있는 뜻보다 훨씬 깊은 의미를 담고 있다. 생각의 세계는 물질의 세계와 마찬가지로 같은 종류끼리 끌어당기기 때문이다.

친절한 대우를 받고 싶습니까? 친절하게 대하십시오.
진실을 원합니까? 진실한 사람이 되십시오.
당신이 나누어준 대로 당신도 받을 것입니다.
당신의 세계는 바로 당신을 비춘 거울입니다.

당신 안의 진실을 찾아라

존재의 내적인 법칙을 알았던 사람은 이렇게 말했다. "사람들이 여기로 오라 저기로 오라 말할 때, 그 뒤를 쫓아가지 말라. 천국은 네 안에 있다." 당신이 해야 할 일은, 의심에 물들지 않은 정신으로 이것을 믿고, 이해될 때까지 깊이 생각하는 것이다. 그러면 당신은 자신의 내면세계를 정화하여 새롭게 구성하기 시작할 것이고, 뜻밖의 새로운 사실들을 계속 깨달아가면서 당신이 발전함에 따라, 스스로 다스리는 영혼의 놀라운 힘 옆에서는 외적 요소가 완전히 무력하다는 것을 알게 될 것이다.

만약 당신이 세상을 바로잡고,
모든 악과 불행을 내쫓고 싶다면,
황무지에 꽃이 피게 하고 적막한 불모지가

장미꽃이 만발하듯 번영하게 만들고 싶다면,
먼저 당신 자신을 바로잡으라.

오랫동안 죄에 사로잡혀 있는 이 세상이
영광을 향해 방향을 전환하도록 이끌고 싶다면,
찢어진 사람들의 가슴을 회복시키고,
슬픔을 근절하고, 감미로운 위로가 넘치게 하려면,
먼저 당신 마음의 방향을 전환하라.

세상의 오랜 질병을 치료하고,
세상의 슬픔과 고통을 끝내려면,
모든 것을 치유하는 기쁨을 세상에 가져오려면,
그리고 고생하는 이들에게 평안을 주려면,
먼저 당신 자신을 치료하라.

세상을 사랑과 평화로 인도하고,
영원한 생명의 빛과 광명에 이르게 하여
죽음과 음울한 투쟁의 잠으로부터
세상을 깨우고 싶다면,
먼저 당신 자신이 깨어나라.

03

나쁜 상황에서 벗어나는 법

악은 이기적 자아가 영원한 선의 초월적 형상을 가로막아서 생긴 일시적 그림자에 불과하다는 사실과 세상은 자신의 모습을 그대로 반영하는 거울이라는 사실을 깨닫고 나면, 이제 우리는 우주의 영원한 법칙을 깨닫고 바라보는 인식 단계를 향해 안정되고 여유 있는 걸음을 내딛게 된다.

이 인식 단계에 도달하면 모든 것이 원인과 결과의 끊임없는 상호 작용 안에 포함되어 있으며, 그 어느 것도 이 법칙에서 벗어날 수 없다는 사실을 알게 된다. 사람의 아주 사소한 생각이나 말, 행동에서부터 천체의 배치에 이르기까지 영원의 법칙은 우주 최고의 힘으로 통치한다.

그 법칙을 잠시라도 벗어난 제멋대로의 상태는 있을 수 없다.

그런 경우는 영원한 법칙의 부정이자 폐지일 것이기 때문이다. 그러므로 삶의 모든 상태는 질서 정연하고 조화로운 이치와 밀접한 관계를 맺고 있으며, 모든 상태의 비밀과 원인은 그것 자체 안에 숨어 있다.

'뿌린 대로 거두리라'는 법칙은 영원의 문 위에 타오르는 듯한 글씨로 새겨져 있으며, 아무도 이 법칙을 부정할 수 없고, 속일 수 없고, 벗어날 수도 없다. 불 속에 손을 넣은 사람은 불길이 다 사그라질 때까지 타들어가는 고통을 느껴야 하며, 어떤 저주의 말을 내뱉거나 간절히 기도를 드려도 소용이 없고 상황을 바꿀 수도 없다. 이와 똑같은 법칙이 정신의 영역도 지배한다.

증오, 분노, 질투, 시기, 욕망, 탐욕, 이것들은 모두 타오르는 불길이며, 이 불길에 살짝 손만 갖다 댄 사람들도 타는 고통으로 괴로워한다. 이러한 모든 정신적 상태는 당연히 '악'으로 불리고 있다. 왜냐하면 이런 것들은 무지한 상태에서 영원한 법칙을 뒤엎으려는 생각의 결과이고, 뒤이어 정신적인 혼돈과 혼란에 이르고, 얼마 안 가 질병, 실패, 불행과 같은 외부적 상황이 슬픔, 고통, 절망과 맞물려 찾아오기 때문이다.

사랑, 온순함, 선의, 순수는 이를 추구하는 영혼에게 평화를 불어넣는 시원한 공기와도 같으며, 영원의 법칙과 조화를 이루면서 건강, 평화로운 주위 상황, 정도에서 벗어나지 않는 성공과 행운의 형태로 실현된다.

위대한 법칙을 따르라

우주 전체를 속속들이 관통하는 이 위대한 법칙을 완벽하게 이해하면 복종이라는 정신 상태에 들어가게 된다. 정의, 조화, 사랑이 우주에서 최고의 가치임을 이해하면 온갖 불운하고 고통스러운 상태가 이 법칙에 순종하지 않아서 생긴 결과라는 것도 마찬가지로 알게 된다. 이것을 알면 힘과 능력을 갖게 되며, 진정한 삶과 영속적인 성공과 행복은 이러한 이해의 바탕 위에서만 이루어질 수 있다.

모든 상황에서 인내하고, 모든 상태를 자신을 수련하는 데 필요한 요소로 받아들인다면 모든 고통스러운 상태를 초월하게 되고, 고통이 다시는 찾아올 수 없게끔 확실하게 극복할 수 있다. 법칙에 복종하는 힘에 의해 고통의 상태가 완전히 없어지기 때문이다. 법칙에 복종하는 사람은 법칙과 조화를 이루어 일을 하고, 사실상 법칙과 자기 자신을 동일시하며, 그가 극복한 결점은 영원히 극복된 것이고, 그가 쌓은 덕은 결코 파괴되지 않는다.

모든 힘의 원인은 모든 나약함의 원인과 마찬가지로 내면에 있다. 모든 행복의 비결도 불행의 경우와 마찬가지로 내면에 있다. 정신적인 발전과 따로 떨어진 진보는 있을 수 없으며, 이해력이 단계적으로 착실히 향상하지 않으면 번영이나 평화의 확고한 발판이 마련되지 않는다.

당신은 자신이 상황에 구속당하고 있다고 말한다. 당신은 좀

더 좋은 기회, 좀더 넓은 시야, 물질적 조건의 향상을 소리쳐 요구하고 있으며, 마음속으로는 아마도 당신의 손과 발을 묶어놓는 운명을 저주하고 있을 것이다. 그러나 당신이 자신의 내적 삶을 향상시키겠다고 확고히 결심한다면, 당신이 바라는 보다 나은 조건을 당신의 외적 삶에서도 만들어낼 수 있다.

나는 이런 방식이 처음에는 아무 효과가 없을 것처럼 보인다는 걸 알고 있다. 진리는 항상 그런 식이다. 처음부터 유혹적이고 매혹적으로 다가오는 것은 잘못과 기만뿐이다. 그러나 당신이 그 길을 걷기 시작하고, 자신의 정신을 끈기 있게 수련하여 약점들을 뿌리째 뽑으면서, 당신의 정신적 힘과 영적 힘이 펼쳐지도록 한다면, 당신은 자신의 외적인 삶에 일어날 마술과도 같은 변화에 놀라게 될 것이다.

앞으로 나아갈수록 당신의 앞길은 황금빛 기회로 뒤덮이게 되고, 그런 기회를 적절히 이용할 수 있는 능력과 판단력이 당신의 내면에서 샘솟을 것이다. 또한 가만히 있어도 좋은 친구들이 다가올 것이다. 바늘이 자석에 달라붙는 것처럼 당신과 마음이 통하는 영혼들이 다가올 것이다. 그리고 일부러 찾지 않아도 당신이 필요로 하는 책과 온갖 외부적 도움을 얻게 된다.

이제 불평을 그만두라

어쩌면 당신에게는 가난의 굴레가 무겁게 씌워져 있을 수도 있고, 친구가 없어 외로울 수도 있으며, 당신이 짊어진 짐이 가벼워지기를 강렬히 바라지만 정신적 부담은 계속되어, 당신은 점점 더 짙어지는 어둠 속에 싸여 있는 듯 느낄 수도 있다. 어쩌면 당신은 불평을 하고, 자신의 운명을 슬퍼하며, 당신의 출생, 부모, 고용주를 탓할 수도 있다. 또는, 당신에게는 너무도 부당한 가난과 고생을 주고 다른 어떤 사람에게는 풍요와 안락을 준 운명의 신들이 불공평하다고 탓할 수도 있다.

불평하지도 초조해하지도 말라. 당신이 탓하는 대상들 때문에 당신이 가난한 것이 아니다. 원인은 당신 내면에 있다. 그리고 원인이 있으면 구제할 방법도 있다. 당신이 불평꾼이라는 바로 그 사실은 모든 노력과 발전의 기초인 믿음이 없다는 것을 보여준다.

법칙의 세계에는 불평꾼을 위한 자리가 없으며, 걱정 근심은 자기 영혼을 죽이는 짓이다. 바로 그러한 정신 자세 때문에 당신은 자신을 구속하는 굴레를 더 단단히 만들고 있으며, 당신의 주위를 감싸고 있는 어둠을 스스로 끌어들이고 있는 것이다.

삶에 대한 생각을 바꾸어라, 그러면 당신의 외적 삶도 바뀔 것이다. 믿음과 분별력을 갖춘 사람이 되도록 인격을 수양하라. 그리고 더 좋은 환경과 폭넓은 기회를 가질 만한 가치가 있는 사람으로 자신을 만들어라. 무엇보다 당신이 지니고 있는 것을 최대한 활용하도록 하라. 작은 것쯤은 그냥 넘어가도 커다란 발전을 이룰 수 있다는 생각으로 자신을 기만하지 말라. 발전할 수 있다 해도 그것은 영원하지 못하며, 자신이 무시하고 넘어간 교훈을 배우기 위해 다시 후퇴해야 할 것이다.

학생은 다음 진도로 나아가기 전에 기본을 완벽하게 해야 하는 것처럼, 당신이 원하는 위대한 선을 이루기 전에 당신이 이미 지니고 있는 것을 충실히 이용해야 한다. 성경에 나오는 달란트의 비유는 이러한 진리를 잘 보여주는 아름다운 이야기이다. 이 이야기는 우리가 가진 재능이 아무리 하잘것없고 시시한 것이라 해도, 그것을 오용하거나 무시하거나 가치를 떨어뜨린다면 그것마저 우리에게서 달아난다는 사실을 비유적으로 묘사하고 있다. 자신의 재능을 무시하고 오용하는 사람은 그것을 소유할 가치가 없음을 스스로 보여주고 있는 셈이다.

당신의 주위 환경을 기품 있게 가꾸어라

당신은 작은 오두막에 살고 있고, 별로 좋지 않은 환경에 놓여 있을지도 모른다. 당신은 좀더 크고 청결한 집을 갖고 싶어 한다. 그렇다면 당신은 우선 자신이 살고 있는 오두막을 될 수 있는 대로 작은 낙원으로 만듦으로써 청결하고 큰 집에서 살 수 있는 마음의 준비를 해야 한다.

당신의 집을 한 점의 얼룩도 없이 깨끗하게 유지하라. 자신의 한정된 여건 속에서 최대한 멋있고 기분 좋은 공간으로 만들어

라. 간소한 음식이라도 모든 정성을 다해서 요리하고, 당신의 소박한 식탁을 최대한 입맛이 당길 수 있는 식탁으로 꾸며라. 카펫을 살 여유가 없다면, 미소와 환영의 마음을 방바닥에 깔고 인내의 망치로 친절한 말들의 못을 단단히 박아놓아라. 이런 카펫은 햇볕에 바래지도 않고, 계속해서 사용해도 닳지 않는다.

현재의 주위 환경을 이런 식으로 품위 있게 만듦으로써 당신은 그것을 극복할 것이고, 그것의 필요성도 극복할 것이며, 때가 되면 당신이 갖기 위해 준비하고 노력해왔던 좋은 집과 주위 환경으로 나아가게 될 것이다.

아마도 당신은 생각하고 노력할 시간을 더 많이 원하고, 노력에 들인 시간이 너무 힘들고 길다고 느낄지도 모른다. 그렇다면 자신에게 주어진 금쪽같은 시간을 최대한 충실히 이용하도록 하라. 당신에게 주어진 시간이 아무리 적더라도 그것을 이미 낭비하고 있다면 더 많은 시간을 원한다 해도 소용없는 일이다. 당신은 점점 더 나태해지고 냉담해질 것이기 때문이다.

악은 가면을 쓰고 나타난 스승이다

가난과 시간 부족조차도 당신이 생각하는 바와 달리 악이 아니다. 이것들이 당신의 발전을 막는다면, 당신이 스스로의 나약함을 이것들을 통해 표현했기 때문이며, 당신이 이것들 속에서 보는 악은 실제로는 당신 자신에게 있는 것이다.

당신이 스스로의 정신을 형성하고 만드는 한, 당신의 운명을 만드는 사람은 당신 자신임을 충분히 그리고 완전히 이해하려고 노력하라. 당신은 인격을 변화시키는 자기 훈련의 힘에 의해, 이 사실을 점점 더 깨달음에 따라 소위 악이라는 것이 축복으로 바뀔 수도 있다는 걸 이해하게 될 것이다.

그러면 당신은 자신의 가난을 인내심과 희망, 용기를 계발하는 데 이용할 것이며, 또한 작은 시간도 소중하게 효율적으로 이용함으로써 시간의 부족을 결단력과 행동의 기민성을 얻는 데 이용할 것이다.

거름 냄새가 진동하는 토양에서 가장 아름다운 꽃이 자라나듯, 인류 역사상 위인들은 가난의 어두운 토양에서 아름다운 인간성의 꽃을 피운 경우가 많았다. 어려움에 대처해야 하고, 불만족스런 상태를 극복해야 하는 상황에서 미덕은 가장 크게 번성하고 또한 그 영광을 나타낸다.

당신은 가혹한 고용주 밑에서 심한 대우를 받고 있다고 느낄지도 모른다. 이것도 당신의 수련에 필요한 과정이라고 생각하라. 고용주의 몰인정한 행동에는 관용과 용서로 대하라. 인내심과 자제심을 끊임없이 실천하라. 정신적 힘과 영적 힘을 얻는 데 이러한 불리한 조건을 잘 이용하여 전화위복이 되게 하라. 당신이 조용히 모범을 보이고 감화를 줌으로써, 당신의 고용주는 느낀 바가 있게 되어 스스로 자기가 한 행동을 뉘우치게 될 것이며, 동시에 당신은 보다 높은 정신적 수준에 도달할 것이다. 그리고 높은 수준의 정신에 도달함으로써 당신은 기회가 주어질 때 당신 수준에 맞는 새로운 환경으로 들어갈 수 있게 된다.

자기 자신의 노예가 되지 말라

당신이 착취당하고 있다고 불평하지 말고, 품위 있는 행동으로 현재의 상태를 극복하라. 자신이 다른 사람에게 구속되어 있다고 불평하기 전에, 혹시 스스로 자신을 구속하고 있는 것은 아닌지 살펴보라.

자신의 내면을 살펴보라. 엄격하게 살펴보고, 자신에게 자비를 베풀지 마라. 어쩌면 당신은 자신의 내면에서 노예적인 생각과 욕망을 발견할 수도 있고, 자신의 일상생활과 행위에서 노예적인 습관을 발견할 수도 있을 것이다. 이를 극복하라. 이제 더 이상 자기 자신의 노예가 되지 말라. 그리하면 어느 누구도 당신을 노예로 만들 힘을 갖지 못한다. 당신이 자기 자신을 극복한다면, 온갖 불리한 상태도 극복해낼 것이며 모든 어려움은 당신 앞에 무릎을 꿇을 것이다.

자신이 부자들의 억압을 받고 있다고 불평하지 마라. 만약, 당신이 부를 얻는다면 당신 자신은 가난한 자를 억압하지 않을 거라고 확신하는가? 우주에는 절대적으로 정의로운 영원한 법칙이 존재하며, 현재 다른 사람을 억압하는 사람은 미래에는 자신이 억압의 대상이 되어야 한다는 것을 기억하라. 이 논리는 예외 없이 적용된다. 따라서 위대한 법칙에 따르면, 어쩌면 당신이 전생에는 부유하고 억압하는 자였을 수도 있다. 그러므로 용기와 신념을 실천하라. 영원한 정의, 영원한 선에 대해 항상 마음속으로 곰곰이 생각하라.

개인적이고 일시적인 차원에서 벗어나 보편적이고 영원한 차원으로 들어가기 위해 노력하라. 당신이 다른 사람으로부터 상처를 받고 억압받고 있다는 자기기만을 떨쳐버려라. 그리고 삶을 지배하는 법칙과 자신의 정신적 삶에 대한 깊은 이해를 바탕으로, 당신은 오로지 자신 내면의 요소에 의해서만 실제로 상처를 받는다는 것을 깨닫기 위해 노력하라.

자기 연민보다 더 불명예스럽고 저질이며 지겨운 일은 없다. 자기 연민을 버려라. 그런 나쁜 요소가 당신을 좀먹고 있는 한, 당신은 절대로 충만한 삶으로 들어설 수 없다. 다른 사람에 대한 비난은 그만두고, 자기 자신을 비난하기 시작하라. 완벽한 순수에 맞먹지 못하거나, 순결한 선의 빛을 견디지 못할 행동이나 욕구, 생각은 절대로 너그럽게 봐주지 마라. 그렇게 함으로써 당신은 영원의 토대 위에 집을 지을 수 있을 것이고, 당신의 행복과 평안을 위해 필요한 모든 것은 때가 되면 당신에게 올 것이다.

마음속의 이기적이고 부정적인 상태를 뿌리 뽑는 길 말고는 가난이나 어떤 원하지 않는 환경을 영원히 극복할 수 있는 길은 없다. 가난 같은 원치 않는 환경은 이기적이고 부정적인 생각의 반영이고, 그런 생각 덕분에 지속되는 것이다. 참된 부를 얻는 방법은 덕을 쌓음으로써 영혼을 풍요롭게 하는 것이다. 참된 마음의 미덕 없이는 번영도 힘도 생겨나지 않는다. 겉모습만 그렇게 보일 뿐이다.

덕을 지니지도 못했고, 덕에 대한 욕구도 거의 없는 사람이 돈을 벌고 있는 경우도 있다. 그러나 그렇게 번 돈은 참된 부를 이루지 못하며, 그 돈의 소유는 일시적이고 불안정하다.

다음은 다윗의 증언이다. "이것은 내가 악인들이 잘되는 것을 보고 교만한 자들을 질투하였음이라……. 그들의 눈은 비만으로 인해 튀어나오고, 그들의 소득은 지나치게 많으며……. 내가 깨끗한 마음으로 살고 죄를 짓지 않은 것이 허사구나……. 내가 이 모든 문제를 이해하기가 무척 힘들었으나, 내가 하느님의 성소에 들어갔을 때 악인들의 최후를 깨달았다."(시편 73:3, 7, 13, 16, 17)

악인들의 성공과 번영은 다윗이 하느님의 성소에 들어가기 전까지는 그에게 크나큰 시련이었으며, 성소에 들어가고 난 후에야 그는 그들의 결말을 알았다. 당신도 마찬가지로 하느님의 성소에 들어갈 수 있다. 그것은 당신의 마음속에 있다. 이는 온갖 더럽고, 사사롭고, 일시적인 것을 넘어서서 보편적이고 영원한 원칙이 실현될 때 유지되는 의식의 상태이다. 이는 신적인 의식 상태이며 하느님의 성소이다.

오랜 노력과 자기 수련으로 당신이 성스러운 신전 안으로 들어가는 데 성공하면, 숨겨진 것도 꿰뚫는 통찰력으로, 모든 사람의 생각과 노력의 결과와 열매를, 선과 악 둘 다를 알아보게 된다. 그러면 당신은 부도덕한 자가 물질적 재산을 축적하는 것을 보더라도 신앙심이 약해지는 일이 더 이상 없을 것이다. 그가 가난과 타락의 길로 다시 들어설 수밖에 없음을 알기 때문이다.

덕을 먼저 쌓아라

덕이 없는 부자는 실은 가난하며, 강물이 바다로 흘러가고 있듯이 그는 부의 풍요 속에서 서서히 가난과 불행 쪽으로 나아가고 있는 중이다. 설령 그가 부자인 채로 죽는다 해도, 그는 생전에 저지른 모든 부도덕한 행실의 쓰디쓴 열매를 거두기 위해 다시 태어나야 한다. 그리고 그가 부도덕하게 여러 번 부자가 되더라도, 결국에 오랜 경험과 고통을 통해 내면의 가난을 극복할 때까지 그만큼 다시 가난 속에 던져진다.

그러나 물질적으로 가난해도 덕이 많은 사람은 실로 부자이고, 현재의 가난 속에서 성공과 번영을 향해 확실히 나아가고 있는 중이며, 넘치는 기쁨과 행복이 그를 기다리고 있다.

당신이 진정으로, 그리고 영원히 번영을 누리고 싶다면 먼저 덕을 쌓아야 한다. 그러므로 성공에만 목표를 두고 성공을 인생의 유일한 목적으로 삼아, 그것을 향해 탐욕스럽게 달려드는 것은 어리석은 짓이다. 그것은 결국 자기 자신을 패배시키는 길이다. 그러므로 자기완성에 목표를 두고, 유익하고 이타적인 봉사를 통해 사회의 번영에 기여하는 것을 인생의 목적으로 삼아, 영원히 변치 않는 최고의 선을 향해 믿음의 손을 항상 뻗으라.

당신은 자기 자신을 위해서가 아니라, 선한 사업을 하고 다른 이들에게 베풀기 위해 부를 원한다고 말한다. 만약 이것이 진짜 동기라면, 부는 당신에게 돌아갈 것이다. 당신이 많은 재산을 소유하면서도 자신을 그 돈의 주인으로 생각하지 않고 그 돈의 관리자로 기꺼이 여긴다면, 정말로 당신은 강하고 이타적인 사람이기 때문이다.

하지만 당신의 동기를 엄밀히 검토하라. 다른 사람의 행복을 위해 돈이 필요하다는 사람들 대부분의 경우, 숨겨진 진짜 동기는 대중의 인기를 얻고 싶은 것, 그리고 박애주의자나 개혁가인 체 모양을 내고 싶은 것이다.

당신이 가진 돈이 아무리 적더라도 지금 그것으로 선을 행하고 있지 않다면, 당신은 틀림없이 돈을 많이 벌수록 점점 이기적으로 되어간다. 그리고 당신이 자신의 돈으로 베풀었던 것으로 보였던 모든 선행은 교묘한 자기 자랑이었을 것이다.

당신이 진정으로 바라는 것이 선을 행하는 것이라면, 선을 실천하기 전에 돈이 생기길 기다릴 필요가 없다. 바로 지금 당신이 있는 곳에서 선을 행할 수 있다. 만약 당신이 믿는 것처럼 진정으로 당신이 이타적인 사람이라면, 다른 이를 위해 지금 자신을 희생함으로써 그 사실을 보여줄 수 있을 것이다. 당신이 아무리 가난하다 하더라도 자기희생을 위한 여지는 남아 있다. 성경에 나오는 과부도 아주 적은 돈이었지만 자신의 전 재산을 헌금함에 넣지 않았던가?

선을 진정으로 행하고자 하는 마음은 실천에 앞서 돈이 생기길 기다리지 않고, 희생의 제단으로 간다. 그리고 사사로운 욕심의 무가치한 요소들을 그곳에 남겨놓고 밖으로 나와서 이웃과 이방인, 친구와 적에게 똑같이 축복의 기운을 불어넣는다.

결과는 원인에 연관되어 있듯이 번영과 힘은 내적인 선에 연관되어 있으며, 가난과 무기력은 내적인 악에 연관되어 있다.

진정한 부(富)란 무엇인가?

돈이 많다고 진정한 부를 이루는 것은 아니며, 지위나 권력도 마찬가지다. 그런 것에만 의지하는 것은 미끄러운 장소에 서 있는 것과 같다.

당신의 진정한 재산은 당신이 쌓은 덕이며, 당신의 진정한 힘은 덕을 어떻게 이용하느냐에 따라 생겨난다. 당신의 마음을 바로잡아라. 그러면 당신의 삶도 바로잡힐 것이다. 정욕, 증오, 분노, 허영, 오만, 탐욕, 방종, 자기 본위, 완고함, 이것들은 모두 가난이고 약점이다. 반면에 사랑, 순수, 친절, 온순, 인내, 동정심, 관대함, 헌신, 자기희생, 이것들은 모두 재산이자 힘이다.

가난과 무기력의 요소가 극복되면 모든 것을 이겨내는 막강한 힘이 내면으로부터 생겨나며, 최고의 덕을 자신의 것으로 굳히는 데 성공한 사람은 온 세상을 자신에게 복종시킨다.

그러나 부자들도 나름대로 불만족스런 조건들을 가지고 있으며, 가난한 사람보다 행복으로부터 더 멀리 떨어져 있는 경우가 흔히 있다. 그래서 우리는 행복이 외적인 도움이나 소유에 달려 있는 것이 아니라 내적인 삶에 달려 있다는 것을 알아보려고 한다.

당신은 고용주이고 당신이 고용한 사람들과 마찰이 끊이지 않는다고 치자. 그러면 당신이 유능하고 성실한 직원들을 구해도 금방 떠나게 되어 있다. 그 결과 당신은 인간 본성에 대한 믿음을 잃어버리게 된다. 봉급을 올리고, 어느 정도의 자율을 주어서 문제를 해결하려고 해보지만 아무 소용이 없다. 충고를 하나 하겠다.

당신이 곤란에 빠진 이유는 직원들에게 있는 것이 아니라 당신 자신에게 있다. 자신의 잘못을 발견해서 고치겠다는 겸허하고 진지한 자세를 가지고 자신의 내면을 살펴본다면, 머지않아 당신이 겪고 있는 모든 불행의 원인을 찾게 될 것이다.

그 원인은 이기적인 욕구이거나, 마음속에 잠재되어 있는 의심이거나, 몰인정한 정신 자세일 수 있다. 당신의 말투에서는 그런 기미가 보이지 않을지 몰라도, 이런 것들은 당신의 주위 사람들에게 해를 끼치며 당신 자신에게도 반작용을 일으킨다. 직원들을 애정으로 대하고, 그들의 행복과 평안을 고려하라. 그리고 당신 자신도 하고 싶지 않은 너무 과중한 양의 업무를 직원들에게 요구하지 마라.

선을 베푸는 고용주의 모습에 직원들이 전적으로 자기 자신을 잊고 열심히 일하는 회사가 있다면, 그 고용주의 겸손은 참으로 아름답고 고귀하다 할 수 있다. 그러나 자신의 행복은 잊은 채, 자신에 의해 생활을 유지하는 직원들의 행복을 위해 애쓰는 고용주가 있다면, 그의 고귀함은 더욱 진귀하며 신성한 아름다움으로 빛나기까지 한다. 그런 고용주는 수십 배로 행복해질 수 있으며, 자신이 고용한 사람들의 불평을 들을 필요도 없다.

대규모의 직원을 고용하면서도 한 번도 직원을 해고할 필요가 없었던 어떤 잘 알려진 고용주는 이렇게 말했다. "나는 우리 직원들하고 항상 행복한 관계를 가져왔다. 어떻게 그럴 수 있었냐고 설명을 부탁한다면, 나는 다른 사람이 나에게 해주기를 바라는 대로 직원들에게 해주겠다는 목표를 처음부터 지녀왔던 것뿐이다." 바로 이 말 속에 모든 바람직한 상태를 이루고, 바람직하지 않은 모든 것을 극복할 수 있는 비결이 들어 있다.

이기적인 자아에서 벗어나라

당신은 자신이 외롭고 사랑받지 못하는 존재이며, "세상에 친구 하나 없다"고 한탄하는가? 그렇다면 당신은 자신의 행복을 위해서 다른 어느 누구도 아닌 바로 당신 자신을 탓하라고 말하고 싶다. 다른 사람들에게 친절히 대하라. 그러면 당신 주변에 곧 친구들이 몰려올 것이다. 자신을 순수하고 사랑스러운 존재로 만들어라. 그러면 모든 사람에게 사랑받을 것이다.

당신의 삶을 고되게 만드는 상황이 무엇이든지 간에, 당신은 자기 정화와 자기 극복의 힘을 내면에서 계발하고 이용하여 그 상태를 벗어나고 극복할 수 있다. 그것이 지긋지긋한 가난이든 부담이 되는 부이든, 또는 인생이라는 그림의 어두운 배경을 이루는 수많은 불행, 슬픔, 근심거리이든 간에, 당신은 그것들에 생명력을 불어넣은 당신 내면의 이기적 요소를 극복함으로써 그것들을 극복할 수 있다.

절대적인 영원의 법칙에 의해, 과거의 생각과 행위 중에 속죄하고 처리해야 할 부분이 있다는 것은 중요한 문제가 아니다. 왜냐하면 동일한 법칙에 의해 우리는 삶의 매 순간마다 새로운 생각과 행위를 하고 있고, 그 생각과 행위를 좋게 혹은 나쁘게 만들 수 있는 힘이 있기 때문이다. 우리가 돈을 잃거나 지위를 상실하게 된다고 해서 우리가 꿋꿋함과 정직성도 상실해야 하는 것은 아니다. 우리의 진정한 재산과 힘과 행복은 바로 용기와 정직성이다.

자아에 집착하는 사람은 스스로의 적이 되며, 적들에게 둘러싸이게 된다. 자아를 버리는 사람은 스스로의 구세주이며 자신에게 힘이 되어주는 친구들로 둘러싸인다. 순수한 마음의 성스러운 빛 앞에서는 모든 어둠이 사라지고 모든 구름이 걷히며, 자아를 정복한 사람은 세상을 정복한 것과 같다. 그러니 가난에서 벗어나라. 고통에서 벗어나라. 자아에서 벗어남으로써 당신의 근심 걱정, 탄식, 불평, 번민, 외로움에서 벗어나라.

오래되어 너덜너덜해진 이기심의 옷을 벗고, 보편적인 사랑의 새 옷으로 갈아입어라. 그리하면 당신은 마음속의 천국을 실현시킬 것이며, 그 천국의 모습은 당신의 외적인 생활 전체에 반영될 것이다.

자기 극복의 길에 확고히 발을 들여놓고, 믿음이라는 지팡이의 도움을 받으면서 자기희생의 길을 걷는 사람은 틀림없이 최고의 성공과 번영을 이룰 것이며, 풍요롭고 영구적인 기쁨과 행복을 누리게 될 것이다.

최고선을 추구하는 자들에게는
모든 것이 가장 지혜로운 목적에 공헌한다.
어떤 것도 나쁘게 오지 않으며, 지혜는
모든 형태의 악을 선으로 바꾸어놓는다.

즐거운 빛으로 빛나려고 기다리는 별을
음울한 슬픔이 덮어 가리지만,
지옥은 천국을 섬긴다. 그래서 밤이 지나면
멀리서 황금빛 영광이 온다.

패배는 우리가 그것을 발판으로 삼아 더 순수한 의도로
더 고귀한 목적을 향해 나아가는 계단일 뿐이다.
손실은 이득으로 인도하며, 기쁨은 시간의 언덕을
오르는 진실한 발걸음과 동행한다.

고통은 인간을 거룩한 기쁨의 길로,
신성한 생각과 말과 행위의 길로 인도한다.
어둠을 드리우는 구름과 빛나는 광명은,
위로 향한 인생의 대로를 따라 서로 맞닿는다.

불행은 그 길을 구름처럼 덮을 뿐,
그 길의 목적과 종점은
밝고 드높은 성공의 하늘에 있고,
그곳은 우리가 찾아내어 머무르기를 기다리고 있다.

우리의 희망의 계곡을 뒤덮는

의심과 공포의 무거운 장막,
영혼이 맞서 싸우는 마음속 어둠,

눈물 어린 쓰디쓴 결과,
상심, 불행, 그리고 슬픔,
믿었던 의리가 깨어져 생겨난 마음의 상처,
이 모든 것들은 우리가 그것들을 발판으로 삼아
확실한 믿음의 살아 있는 길에 오르는 계단이다.

주의 깊은 사랑과 동정심이 죽음의 나라에서
생명의 나라로 오는 순례자를 마중하러 달려 나간다.
모든 영광과 모든 선한 것이
순례자가 오기를 기다린다.

04

생각의 고요한 힘

세상에서 가장 강력한 힘들은 눈에 보이지 않고 귀에 들리지 않으면서도, 그 힘의 강도에 따라 바르게 힘의 방향이 유도되면 이로운 힘이 되고 잘못 사용되면 해로운 힘이 된다. 증기, 전기, 원자력과 같은 역학적 힘에 이 원리가 적용된다는 사실은 많은 사람이 이해하고 있다. 그러나 이 원리를 정신의 영역에도 적용하는 사람은 아직 드물다. 정신 영역에서는 생각의 힘이, 끊임없이 발생되고 있으며 구원이나 파멸의 흐름으로써 계속 방출되고 있다.

인류 발전의 현 단계에서, 이제 인간은 이 힘을 소유하기 시작했고, 현재 진보의 전체적 방향은 이 힘을 완전히 복종시키는 쪽으로 향해 있다. 지상에 살고 있는 인간에게 가능한 모든 지혜를 완전한 극기를 통해서만 찾을 수 있으며, "네 원수를 사랑하라"는 예수의 계명은 자신의 정신적 힘들을 소유하고 지배하고 변화시킴으로써, 최고의 지혜를 바로 지금 여기서 소유하기 시작하라는 권고의 말씀이다. 왜냐하면 인간은, 아직은 이기주의의 물결 위에 떠 있는 지푸라기처럼 자신의 무의식적 힘에 노예처럼 종속되어 있는 처지이기 때문이다.

고대 이스라엘의 예언자들은 최고의 법칙을 완벽히 이해했기 때문에 외부적인 사건들을 내적인 생각에 항상 연관시켰으며, 국가적 재난이나 번영의 원인을 그 시대에 국가를 지배했던 생각과 욕망에 관련시켰다. 생각이 사건을 일으키는 원동력이라는 이해는 그들이 예언한 내용의 기초이며, 모든 진정한 지혜와 힘의 기초이기도 하다.

국가적 사건들은 국가의 정신적 힘으로부터 생겨난다. 전쟁, 전염병, 그리고 기근은 방향이 잘못 잡힌 생각의 힘들이 서로 만나고 충돌하여 빚어진 것이며, 파괴가 법칙의 대리인으로 개입한 최고의 갈등 지점이다. 전쟁이 독재자 한 사람 때문에 일어났다고 생각하는 것은 어리석은 판단이다. 전쟁은 국가적 이기주의가 빚어낸 극한 공포이다.

물질은 객관화된 생각이다

모든 존재와 사건을 나타나게 하는 원동력은, 보이지 않고 들리지 않으면서도 무엇보다도 강한 생각의 힘이다. 우주는 생각에서 생겨났다. 물질을 궁극적으로 분석하면 물질이 객관화된 생각에 불과함이 밝혀진다. 인간의 모든 업적은 생각 속에서 먼저 구상되고, 그런 다음 구체화된다. 작가, 발명가, 건축가들은 처음에는 머릿속의 생각으로 자신의 작품을 만들고, 설계 단계에서 작품의 모든 부분을 완벽하게 조화된 모습으로 완성시키고 나서 실제 형체를 만들기 시작하여, 물질이나 감각으로 작품을 보고 느낄 수 있게 해놓는다.

생각의 힘은 우주를 지배하는 법칙과 조화를 이루는 방향으로 사용될 때 건설적이고 보존적이지만, 방향이 잘못된 생각의 힘은 붕괴시키고 자기 파괴적인 힘이 된다.

선의 전능성과 주권에 대한 완전하고 변치 않는 믿음에 당신의 모든 생각을 맞추는 것이, 바로 그 전능한 선과 협력하는 것이고 또한 당신 내면에서 모든 악을 해체하고 파괴하는 것이다. 믿음을 가져라. 그러면 살게 될 것이다. 그리고 여기에 구원의 참 의미가 있다. 즉, 살아 있는 영원한 선의 생생한 빛으로 들어가고 그 빛을 실감함으로써 악의 어둠과 비존재로부터 구원받는 것이다.

두려움, 걱정, 고민, 의심, 근심, 원통함, 실망이 있는 곳에는 무지와 신념의 부족이 있다.

이러한 정신 상태는 모두 이기심의 직접적인 결과이며, 악의 힘과 우월성에 대한 타고난 믿음을 바탕으로 하고 있다. 그러므로 이런 정신 상태는 실질적인 무신론을 구성하며, 이런 부정적이고 영혼 파괴적인 정신 상태에 이끌려 사는 것이야말로 유일한 진짜 무신론이다.

인류가 필요로 하는 것은 그런 상태로부터 구원받는 것이다. 그리고 자신이 그런 상태에 어쩔 수 없이 속박당하고 굴복하는 동안에는 구원을 받았다고 자랑하지 마라. 두려워하거나 걱정하는 것은 욕설을 퍼붓는 것만큼 죄스러운 일이다. 왜냐하면 영원한 정의, 전능한 선, 무한한 사랑을 본질적으로 믿는 자가 어떻게 두려워하거나 걱정할 수 있겠는가? 두려워하고, 걱정하고, 의심하는 것은 부정하고 불신하는 것과 마찬가지다.

모든 나약함과 실패는 그런 정신 상태에서 비롯된다. 왜냐하면 그것들은 긍정적인 생각의 힘이 없어지고 무너졌음을 보여주기 때문이다. 긍정적 사고의 힘이 무너지지 않았더라면 목표를 향해 힘차게 속도를 냈을 것이고, 나름대로 유익한 결과를 가져왔을 것이다.

이런 부정적인 상태를 극복하는 것은 힘이 넘치는 삶 속에 들어서는 것이고, 노예 상태를 그만두는 것이며, 주인이 되는 것이다. 그리고 이런 부정적인 상태를 벗어날 수 있는 방법은 딱 한 가지이다. 그것은 정신적인 인식과 자각을 꾸준하게 지속적으로 확장하는 것이다.

마음속으로 악을 부인하는 것으로는 충분하지 않다. 매일 실천하고 극복하고 깨달아야 한다. 마음속으로 선을 긍정하는 것만으로는 불충분하다. 확고한 노력으로 선 속에 들어가고 선을 이해해야 한다.

자제심을 현명하게 실천하면 자기 내면의 생각의 힘을 빨리 이해하게 되며, 나중에는 생각의 힘을 올바르게 이용하고 이끄는 능력을 가지게 된다. 당신은 자아를 지배하는 정도에 비례해서 정신적인 힘에 통제되는 대신, 당신이 그것을 통제하는 정도에 비례해서 일상의 일과 외부적 상황을 지배하게 된다.

평온한 마음 갖기

손만 대면 모든 것이 무너져버리고, 자신의 코앞에 놓인 성공도 성취하지 못하는 사람이 있는가? 그런 사람은 바로 힘이 결여된 정신 상태 속에 머물러 있는 사람이다.

의심의 수렁 속에 항상 빠지고, 두려움의 유사(流砂)에 계속 말려들거나 걱정의 바람에 끊임없이 휩쓸리는 사람은, 성공과 권세가 문을 두드린다고 해도, 언제나 노예가 되고 노예의 삶을 살게 된다. 그런 사람은 신념이 없고 자제력이 없는 사람으로 자신의 일을 제대로 다스릴 능력이 없고, 상황에 얽매이기 쉬우며, 실제로는 자기 자신에게 얽매인 노예이다. 그런 사람은 고통을 통해 교육을 받으며, 쓰디쓴 경험의 스트레스를 통해서만 결국

약한 자에서 강한 자로 변할 수 있다.

신념과 목표는 삶의 원동력을 구성한다. 강한 신념과 굽히지 않는 목표가 있으면 이루지 못할 것이 없다. 신념을 묵묵히 매일 실천함으로써 생각의 힘은 하나로 모이고, 목표를 묵묵히 매일 강화시킴으로써 생각의 힘은 성취의 대상을 향해 방향이 잡힌다.

인생길에서 당신이 어떤 처지에 놓여 있든지 간에, 어느 정도의 성공과 유능함, 힘을 갖게 되길 원하기 전에 먼저 당신은 침착함과 평온을 길러둠으로써 생각의 힘을 집중시키는 방법을 터득해야 한다. 당신은 사업가인데 갑자기 어찌할 수 없는 어려움이나 재앙에 부딪쳤다고 하자. 당신은 두려움과 걱정이 커지면서 어찌할 바를 모르게 된다. 그러나 그러한 정신 상태를 지속하는 것은 치명적이다. 걱정을 하게 되면 정확한 판단을 못하기 때문이다.

이제 이른 아침이나 밤에 한두 시간 정도 조용한 시간을 택해서, 호젓한 장소나 집 안에서 당신이 아무런 방해도 받지 않고 있을 수 있는 곳으로 가라. 그리고 편안한 자세로 앉은 다음, 당신의 삶에서 즐겁고 행복을 주는 무언가를 머릿속에 떠올림으로써 당신의 정신이 걱정의 대상으로부터 벗어날 수 있도록 하라. 그러면 고요하고 평안한 힘이 점차 당신의 정신 속으로 살며시 들어와서, 근심과 걱정은 사라지게 할 것이다.

당신의 정신이 걱정이라는 낮은 단계로 내려가고 있다는 것을 알아차리면, 즉시 정신을 되돌려 평화와 힘의 높은 단계에서 정신을 회복하라. 이것이 충분히 이루어졌을 때에는 자신의 온 정신을 자신의 어려움을 해결하는 데 집중시킬 수 있다. 그리하면 당신이 걱정하는 동안에는 극복할 수 없었던 복잡한 문제도 쉽고 간단해지며, 고요하고 침착한 정신일 때만 갖게 되는 명확한 통찰력과 완벽한 판단력이 생겨 어떤 과정을 추구해야 하고, 어떤 결과를 끌어내야 할 것인지 알게 된다.

완벽한 마음의 평온을 이루려면 아마도 당신은 매일 노력해야 할 것이다. 하지만 꾸준히 노력한다면 틀림없이 그렇게 될 수 있다. 그리고 당신은 그 고요한 시간에 마음속으로 결정했던 일처리 방침대로 실행해야만 한다.

그날의 업무에 다시 휩쓸리고 근심이 다시 찾아와서 당신을 지배하기 시작하면, 당신은 이미 정한 방침이 잘못되거나 어리석은 것 같다는 생각이 들 것이다. 그러나 그런 암시에 마음을 두지 말라. 걱정의 그림자에 좌우되지 말고, 고요한 통찰력이 안내하는 대로 무조건 철저하게 따르라.

고요의 시간은 깨달음과 올바른 판단력이 활동하는 시간이다. 이와 같은 정신적 훈련 과정을 통해, 산만해졌던 생각의 힘은 다시 통일되고, 미해결의 문제는 마치 탐조등의 불빛처럼 생각의 힘이 비추어져서 해결되고 만다.

생각의 힘을 고요하고 강력하게 집중시키면 아무리 큰 어려움이라도 무너지게 되어 있으며, 정당한 목적이라면 무엇이든지 영혼의 힘을 지혜롭게 사용하고 이끌어감으로써 빠르게 실현시킬 수 있다.

당신은 자신의 내적 본성을 깊고 철저하게 탐구하고 그 안에 잠재되어 있는 수많은 적들을 물리치고 난 후에야, 생각의 미묘한 힘에 대해, 외적인 물질적 요소와 생각의 힘과의 뗄 수 없는 관계에 대해, 또는 올바르게 방향과 균형이 잡힌 경우에 생각의 힘이 삶의 상태를 재조정하고 변화시키는 과정에서 발휘하는 마법 같은 효력에 대해 비로소 어느 정도 정확한 이해를 할 수가 있다.

생각은 힘이다

당신이 하는 모든 생각은 밖으로 방출되는 힘이며, 그것의 본질과 강도에 따라 그 생각은 자신을 잘 받아들이는 정신 속에 머물 곳을 찾아 나서게 된다. 그러고 나서, 다시 당신 자신에게 이로움이나 해로움으로 되돌아올 것이다. 정신과 정신 사이에는 끊임없는 상호 작용이 있으며 생각의 힘이 계속해서 상호 교환되고 있다.

이기적이고 불온한 생각들은 악하고 해로운 힘이자 악의 사자로 보내져서 다른 이들의 정신 속에 있는 악을 자극하고 증대시킨 다음, 더 추가된 힘으로 당신에게 되돌아온다.

평온한, 순수한, 그리고 이타적인 생각들은 건강과 치유와 축복을 날개에 싣고 세상에 보내지는 천사의 사자이며, 악의 힘을 방해하고, 근심과 슬픔의 바다인 세상에 기쁨의 기름을 쏟아붓고, 비탄에 잠긴 마음에게는 불멸의 천성을 회복시켜준다.

좋은 생각들을 하라. 그러면 그것들은 좋은 상황이라는 형태로 당신의 외적인 삶에 빠르게 실현될 것이다. 자신의 영혼의 힘을 지배하고 통제하라. 그러면 당신이 원하는 대로 외적인 삶을 형성할 수 있을 것이다. 구세주와 죄인의 차이점은 이것이다. 즉, 구세주는 자신 내면의 모든 힘을 완벽하게 지배하지만, 죄인은 내면의 힘에 의해 지배당하고 통제된다.

진정한 힘과 영속적인 평화로 가는 길은 자제, 극기, 그리고 자기 정화에 의한 것 외에는 결코 없다. 자신의 성질과 기분에 휘둘리면 이 세상에서 무능하고, 불행하고, 쓸모가 별로 없는 존재가 된다. 당신이 좋아하는 것과 싫어하는 것, 변덕스러운 사랑과 미움의 감정, 그밖에 당신이 어느 정도 어쩔 수 없이 사로잡히는 분노, 의심, 질투 등 모든 변덕스러운 기분의 극복, 이것은 당신이 행복과 번영의 황금 실로 삶의 옷감에 수놓으려 할 때 당신 앞에 주어지는 과제이다.

당신이 내면의 변덕스런 기분의 노예로 남아 있는 한, 살아가는 동안 당신은 다른 사람이나 외부의 도움에 의지할 필요가 있을 것이다. 확고하고 굳은 결심으로 살아가면서 어떤 성취를 이루려고 한다면, 당신은 마음을 어지럽히고 발전을 저지하는 모든 정신적 동요를 극복하고 제어하는 법을 터득해야 한다.

당신은 정신을 안정시키는 습관, 즉 흔히 말하는 '고요 속에 들어가기'를 매일 실천해야 한다. 이것은 근심스러운 생각을 평화로운 생각으로, 약한 생각을 강한 생각으로 바꾸는 방법이다. 이를 실천하는 데 성공하고 나서야 당신은 삶의 문제들과 당신이 추구하는 일에 정신의 힘을 기울여 상당한 성공을 거두기를 바랄 수 있다.

이것은 흩어진 정신력을 하나의 강력한 방향으로 모으는 과정이다. 잘 설계된 배수로를 새로 설비하여 여기저기 흩어진 쓸모없는 지류를 하나의 수로로 흐르게 함으로써 버려진 습지가 황금빛 옥수수밭이나 과수원으로 바뀔 수 있는 것처럼, 마음의 평온을 얻고 자기 내면의 생각의 흐름을 억제하고 지배하는 사람은 자신의 영혼을 구제하며, 자신의 마음과 삶을 비옥하게 한다.

극기의 힘

당신의 충동과 생각을 지배하는 데 성공할 때, 당신은 새롭고 고요한 힘이 내면에서 자라남을 느끼기 시작할 것이며, 침착함과 힘의 안정된 느낌을 항상 지닐 것이다. 당신의 잠재 능력은 활개를 펴기 시작할 것이며, 예전에는 당신의 노력이 나약하고 효과가 없었던 데 반해 이제 당신은 성공을 보장하는 침착한 확신을 가지고 일할 수 있을 것이다.

또한 이러한 새로운 힘과 능력에 더불어 '직관'이라고 하는 내적인 깨달음이 마음속에서 일어나며, 당신은 더 이상 어둠과 추측이 아닌 빛과 확신 속에서 걸어가게 된다.

이 영혼의 시력이 계발되면 판단력과 통찰력이 끝없이 확장되며, 당신의 내면에서 예언 능력이 발달하여 이것의 도움으로 당신은 앞으로 일어날 일을 감지하고 자신이 노력한 결과를 놀랍도록 정확하게 예측할 수 있게 된다.

또한 당신의 내면이 바뀌어진 정도만큼 삶에 대한 당신의 견해도 바뀌게 된다. 다른 사람에 대한 정신 자세가 바뀌면 그들이 당신을 대하는 태도나 행동도 바뀐다. 당신이 열등하고 허약하고 파괴적인 생각의 힘을 극복하면, 강하고 순수하고 고귀한 사람들이 발산하는 긍정적이고, 기운을 북돋우는, 발전적인 기류와 만나게 된다. 당신의 행복은 헤아릴 수 없을 만큼 커지고, 당신은 극기를 통해서만 생겨나는 기쁨, 정신력, 힘을 실감하기 시작할 것이다.

또한 이러한 기쁨, 정신력, 힘은 계속해서 당신에게서 발산될 것이며, 당신이 어떤 노력을 하지 않아도, 아니 당신이 아예 의식하지 못한다고 해도, 강한 사람들이 당신에게 몰려들 것이고, 영향력이 당신 손에 들어올 것이며, 당신의 변화된 정신세계에 맞추어 외부의 사건들이 형성될 것이다.

유능하고, 강하고, 행복한 존재가 되려는 사람은 부정적이고, 인색하고, 불순한 생각을 순순히 받아들이는 습관을 그만두어야 한다. 현명한 가장이 하인들을 다스리고 손님을 초대하는 것처럼, 그는 자신의 욕구를 하인처럼 다스리고, 자신의 영혼이라는 저택에 어떤 생각을 손님으로 받아들일지를 권위 있게 말하는 법을 배워야 한다. 극기를 실천하는 데 아주 조금이라도 성공하면 정신력이 상당히 확대되며, 이 신성한 성취를 완성하는 데 성공하는 사람은 꿈에도 생각지 못했던 지혜와 정신력과 평화를 소유하게 되며, 우주의 모든 힘은 자기 자신의 영혼을 지배하는 사람의 발걸음을 거들고 보호한다는 것을 깨닫는다.

그대가 가장 높은 천국에 오를 것인지
가장 낮은 지옥까지 뚫고 내려갈 것인지는
항상 아름다운 꿈과 이상 속에서 사는가 아니면
가장 비열한 생각 속에 머무르는가에 달려 있다.
당신의 생각들은 당신 위에 있는 천국이며,
또한 당신 밑에 있는 지옥이기 때문이다.

행복은 생각 밖에서는 존재하지 않으며,
고통도 생각을 통해서만 느낄 수 있는 것이다.
생각이 없다면 세상은 사라질 것이다.

영광은 꿈속에서만 존재한다.
역사라는 드라마는
영원한 생각으로부터 흘러나온다.

위엄과 수치와 슬픔,
고통과 고뇌, 사랑과 미움은
운명을 지배하는,
약동하는 강력한 생각의 외관일 뿐이다.
무지개의 일곱 빛깔이 합쳐지면
무색의 한 광선을 이루듯이,
세상의 모든 변화들은
영원한 하나의 꿈을 이룬다.

그리고 그 꿈은 당신 안에 있는 모든 것이다.
꿈꾸는 사람은 오랫동안
아침을 기다리고 있다.
이상을 실현시키고 지옥의 꿈을 없애줄
강력하고 활기찬 생각으로
그를 깨워줄 아침을,
순수하고 완성된 영혼은
가장 높고 가장 신성한 천국에 거주한다.

악한 것을 지향하는 생각이 악이며,
선을 지향하는 생각이 선이다.
빛과 어둠, 죄와 순수함도
마찬가지로 생각에서 생겨난다.

가장 위대한 것을 지향하는 생각 속에 머물라.
그리하면 당신은 가장 위대한 존재를 보게 될 것이다.
당신의 정신을 가장 고귀한 것에 고정시켜라.
그리하면 당신은 가장 고귀한 존재가 될 것이다.

05

건강과 성공, 힘의 비결

아무리 들어도 질리지 않는 이야기를 귀기울여 듣던 어린 시절의 즐거운 기억을 누구나 갖고 있을 것이다. 위기의 순간마다 교활한 마녀, 잔혹한 거인, 또는 사악한 마귀할멈의 흉계로부터 항상 보호를 받는 착한 소년, 소녀의 파란 많은 운명에 우리는 얼마나 열심히 귀를 기울였던가. 우리의 어린 가슴은 주인공의 운명에 대해 결코 비관하지 않았으며, 결국 주인공이 모든 적을 이길 거라고 굳게 믿었다. 왜냐하면 우리는 요정들이 절대 잘못을 저지르지 않으며, 선과 진리의 편에 선 자를 저버리는 일이 없다는 것을 알고 있었기 때문이다.

또 결정적인 위기의 순간에 요정의 여왕이 마법의 힘을 발휘하여 어둠과 고통을 전부 몰아내고, 착한 소년, 소녀의 소원이 모두 이루어지도록 해주고, 그들이 오래오래 행복하게 잘 살았다더라 하는 말로 이야기가 끝날 때, 형언할 수 없는 기쁨에 우리의 마음은 얼마나 두근거렸던가.

그러나 나이가 들어 소위 인생의 '현실'과 점점 더 깊은 관계를 맺으면서, 어린 날의 아름다운 동화 속 세계는 기억에서 사라져가고, 신기했던 동화의 등장인물들은 실재하지 않는 상상 속의 인물로 기억 속에서 분류되고 만다. 흔히 사람들은 그런 식으로 어린 날 꿈의 세계를 영원히 떠나는 것이 현명해지고 강해지는 성장의 과정이라 생각한다. 그러나 놀라운 지혜의 세계에서 우리는 어린이임을 알게 될 때, 용기와 영감을 주는 어린 시절의 꿈으로 다시 돌아가서 그것이 결국 현실이라는 것을 깨닫게 된다.

아주 작고 거의 항상 눈에 안 보이는 영적 존재이면서도 모든 것을 이겨내는 마법의 힘을 소유하고, 선한 사람들에게 건강과 부와 행복을 주고, 자연의 선물도 아낌없이 풍부하게 선사하는 요정들은, 지혜가 발전함에 따라 생각의 힘과 존재의 내적 세계를 지배하는 법칙들을 이해하게 된 사람의 정신세계에서 다시 현실이 되기 시작하고, 또한 그 안에서 불멸의 존재가 된다. 그런 사람에게, 요정들은 우주를 지배하는 선과 조화를 이루어 일하는 생각의 인간, 생각의 전달자, 생각의 힘으로써 도움을 준다. 그리하여 최고선의 마음에 자기 마음을 맞추기 위해 매일 노력하는 사람들은 진정한 건강과 부와 행복을 정말로 획득한다.

선한 마음만큼 탁월한 보호 수단은 없다. 그런데 여기서 '선한 마음'이라는 말로 내가 의미 두고자 하는 바는 도덕규범에 외견상 순응하는 태도가 아니라, 순수한 생각, 고귀한 영감, 이타적인 사랑, 자만심으로부터의 자유이다. 선한 생각들 속에 지속적으로 머무르는 사람의 주위에는 사랑스럽고 힘찬 정신적 분위기가 감돌게 되고, 그 분위기에 접촉하는 모든 사람들은 감명을 받게 된다.

떠오르는 태양이 나약한 어둠을 물리치듯이, 무기력한 악의 모든 에너지는 순수와 믿음 속에서 강해진 마음으로부터 발산되는 긍정적 사고의 날카로운 광선에 의해 산산이 흩어지고 만다.

타협하지 않는 순수와 진정한 믿음이 있는 곳에 건강이 있고, 성공이 있고, 힘이 있다. 질병, 실패, 그리고 불행은 그러한 사람에게서 머물 곳을 찾을 수가 없다. 그 사람 안에는 그것들이 자라날 여지가 전혀 없기 때문이다.

병은 마음에서 시작된다

신체적 상태까지도 대부분 정신 상태에 의해 결정된다. 그리고 과학계도 이 사실에 주목하기 시작하고 있다. 육체의 조건과 현상이 정신 현상을 결정한다는 과거의 유물론적 믿음은 급속히 사라져가고 있으며, 인간의 정신은 육체보다 우월하며 육체적 현상은 생각의 힘에 의해 좌우될 수 있다는 고무적인 믿음이 널리 퍼지고 있다. 사람들은 이제 아프기 때문에 절망적인 게 아니라, 절망적이기 때문에 아픈 거라고 이해하기 시작한 것이다. 모든 질병이 마음에서 비롯된다는 사실은 머지않아 상식이 될 것이다.

이 우주에 악은 존재하지 않는다. 다만 인간의 마음속에 악의 뿌리와 원인이 존재할 뿐이다. 사실 인간의 죄, 질병, 슬픔과 고통은 우주의 보편적 질서에 속한 것이 아니며, 사물의 본성에 고유한 것도 아니다. 그것들은 사물의 올바른 관계에 대한 우리의 무지에서 비롯된 결과이다.

전해오는 이야기에 따르면, 고대 인도에는 절대적으로 순수하고 소박한 삶을 추구한 한 철학 유파가 있었다. 그들은 평균적으로 150세까지 살았으며, 질병에 걸리는 것을 용서할 수 없는 치욕으로 여겼다. 그것은 자연의 법을 위반했음을 나타내는 것으로 간주되었기 때문이다.

인간의 질병은 격노한 신이 내린 벌이나, 어리석은 섭리의 시험이 아니다. 그것은 우리 자신의 잘못이나 죄의 결과다. 그것을 빨리 깨닫고 인정할수록 건강의 정도에 그만큼 빨리 들어서게 된다. 스스로 병을 끌어당기는 자, 병을 잘 받아들이는 정신과 육체를 소유한 자에게 질병은 찾아온다. 그러나 강하고 순수하고 긍정적인 사고를 지님으로써 치유와 활기의 기운을 발산하는 사람에게는 질병이 멀리 달아난다.

부정적인 감정이 병의 원인

만약 당신이 분노, 걱정, 질투, 탐욕 등 조화롭지 않은 정신 상태에 빠져 있으면서도 완벽하게 건강한 신체를 바란다면, 당신은 불가능한 것을 기대하는 것이다. 왜냐하면 당신은 병의 씨앗을 계속 자기 마음속에 뿌리고 있기 때문이다. 현명한 사람이라면 그러한 정신 상태가 썩은 하수구나 전염병에 오염된 집보다 훨씬 위험하다는 것을 안다.

모든 질병의 고통과 아픔에서 벗어나 완벽한 신체적 건강을 즐기려면, 정신을 올바르게 가다듬고 생각들을 조화롭게 정리하라. 즐겁고 사랑이 가득한 생각만을 하도록 하라. 호의의 영약이 당신의 혈관 속에 흐르게 하라. 그러면 그 어떤 명약도 필요치 않을 것이다.

질투심, 의심, 걱정, 증오, 방종을 버려라. 그러면 병과 피로, 신경 쇠약, 뼈마디가 쑤시는 증세가 없어질 것이다. 그러나 만약 이러한 허약하고 타락한 성질을 고수한다면, 병에 걸려 몸져눕게 되었다고 불평해도 소용없을 것이다.

다음은 정신과 신체의 밀접한 관계를 보여주는 이야기이다. 심각한 병으로 고생하는 한 남자가 용하다는 의사는 다 찾아갔지만 소용이 없었다. 심지어 병에 좋다는 온천을 찾아 여러 마을을 전전하며 목욕을 했지만 오히려 병은 더 깊어만 갔다.

그러던 어느 날 밤, 꿈에 성령이 나타나 이렇게 말했다. "형제여, 모든 치료법을 다 써보았느냐?" 그는 대답했다. "네, 그렇습니다."

성령은, "아니다. 아직 네가 알지 못하는 온천이 있다. 나를 따라오라."

남자는 정신없이 성령의 뒤를 따라갔다. 이윽고 성령은 깨끗한 물웅덩이로 그를 안내하고 나서 말했다. "이 물에 몸을 담그면 깨끗이 낫게 될 것이다." 그리고 성령은 사라졌다.

물속에 몸을 담그고 있던 남자가 잠시 후 몸을 일으켰을 때, 세상에! 병이 씻은 듯이 사라진 게 아닌가! 그때 물웅덩이 위쪽에 '포기하라'는 글자가 쓰여 있는 게 보였다.

잠에서 깨어나자마자 꿈의 의미 전체가 그의 뇌리를 스쳐갔다. 그는 곰곰이 스스로를 반성했고 지금껏 방종한 생활로 기력을 빼앗겨왔다는 사실을 깨달았다. 그는 방종한 생활을 영원히 포기하겠다고 맹세했다. 그는 맹세를 지켰으며, 그날 이후 그의 고통은 사라지기 시작했고 곧 건강을 되찾게 되었다.

건강과 성공의 관계

사람들은 대개 과도한 업무 때문에 자신이 쇠약해졌다고 불평한다. 그러나 대부분 건강이 나빠지는 것은 자신의 에너지를 어리석게 낭비했기 때문이다. 건강을 지키기 위해서는, 충돌이나 알력이 없이 일하는 법을 터득해야 한다. 걱정하거나 흥분하거나 쓸데없이 사소한 일에 속 태우는 것은 건강에 해롭다.

두뇌 활동이든 육체노동이든 간에 일이란 인간에게 건강을 주는 유익한 것이다. 근심 걱정을 모두 떨치고 인내심을 가지고 꾸준하게 묵묵히 일하는 사람, 당면한 일에 치열하게 정신을 쏟는 사람은 항상 서두르고 걱정하는 사람보다 훨씬 더 많은 것을 성취할 뿐 아니라 건강도 유지하게 된다.

진정한 건강과 진정한 성공은 언제나 함께 간다. 왜냐하면 정신 영역에서 그 둘은 밀접하게 서로 얽혀 있기 때문이다. 정신적 조화가 신체적 건강을 만드는 것처럼, 신체적 건강은 정신이 계획한 바가 현실 속에서 조화로운 순서대로 실현되도록 뒷받침한다.

당신의 생각을 정리정돈하라. 그러면 당신의 인생도 질서 정연해질 것이다. 격정과 편견의 거친 바다 위에 평온의 기름을 부어라. 그러면 당신의 영혼이라는 배가 삶의 바다를 헤쳐 나아갈 때 제아무리 위협적인 불행의 폭풍우가 몰아쳐도, 당신의 배를 난파시키지는 못할 것이다. 그리고 그 배가 마음에서 우러난 변하지 않는 믿음으로 조종된다면, 그 항로는 더욱더 안전할 것이며 많은 위험이 옆을 그냥 지나갈 것이다. 그러나 믿음 없이 조종된다면 많은 위험이 배를 공격해올 것이다.

모든 불후의 업적은 믿음의 힘으로 성취된다. 신에 대한 믿음, 우주를 지배하는 법칙에 대한 믿음, 자신의 일에 대한 믿음, 그리고 그 일을 성취할 능력에 대한 믿음은 당신이 쓰러지지 않고 꿋꿋하게 목적을 달성하려면 반드시 모든 일의 기초로 삼아야 할 반석이다.

어떤 상황에서도 자기 내면의 가장 고귀한 충동을 따르는 것, 자신의 신성한 자아에 언제나 충실한 것, 마음의 목소리와 마음의 빛에 의지하는 것, 대담하고 평온한 마음으로 자신의 목적을 추구하는 것, 미래가 자신의 모든 생각과 노력에 대해 보답할 것을 믿는 것, 우주의 법칙은 절대로 오류를 저지르지 않는다는 것과 자신이 뜻한 바는 지극히 정확하게 자기 자신에게 되돌아온다는 것을 아는 것, 이것이 믿음이요 믿음의 삶이다.

이러한 믿음의 힘은 불확실성의 어두운 바다를 갈라놓고, 모든 곤란의 산을 무너뜨려 믿음을 가진 영혼이 무사히 지나가게 한다.

오, 독자여! 무엇보다도 우선, 값을 매길 수 없는 이 담대한 믿음을 소유하기 위해 노력하라. 그것이야말로 행복과 성공과 평화와 힘의 부적이며, 인생을 단순한 고생 이상의 훌륭한 것으로 만드는 모든 것의 부적이기 때문이다. 이 믿음을 당신 삶의 토대로 삼으라. 그러면 당신은 영원의 반석 위에 영원의 재료를 가지고 삶을 펼치는 것이다. 당신이 세우는 삶의 구조물은 절대로 와해되지 않을 것이다. 왜냐하면 그것은 종국에는 헛되이 사라지고 말 모든 물질적인 사치와 부의 축적을 초월한 것이기 때문이다.

슬픔의 심연에 빠지거나 기쁨의 절정에 오르거나, 항상 이 믿음을 꼭 붙잡으라. 언제나 그것을 당신의 든든한 안식처로 삼고, 그 불멸의 확고한 기반 위에 견고하게 자리 잡으라. 당신이 이러한 믿음에 중심을 두는 한, 당신에게 부딪쳐오는 온갖 악의 에너지를 잡동사니 유리 장난감처럼 손쉽게 깨뜨릴 수 있을 것이다. 또한 세속적인 이익만을 추구하는 자들은 절대로 알 수도, 꿈꿀 수도 없는 기막힌 성공을 이루게 될 것이다.

"너희가 의심하지 않고 믿는다면, 내가 한 이 일을 할 수 있을 뿐만 아니라……. 이 산을 향하여 '땅에서 들려 바다에 빠져라' 하여도 그대로 될 것이다."(마태복음 21장)

믿음은 성공을 가져온다

살과 피를 가진 인간이면서도 오늘날 이 믿음을 깨닫고, 하루하루를 신앙 속에서 믿음에 의해 살아가는 사람들이 있다. 그들은 이 믿음을 최대 한도로 시험해보고서 신앙의 영광과 평화를 소유하게 된 사람들이다. 그들은 믿음으로 명령을 내려서 슬픔과 실망의 산, 피로와 고통의 산을 망각의 바다 속으로 던져버린 사람들이다.

당신이 이 신앙을 가지게 된다면, 미래의 성공이나 실패를 걱정할 필요조차 없이 저절로 성공이 찾아올 것이다. 올바른 생각과 올바른 노력은 필연적으로 올바른 결실을 맺는다는 사실을 안다면, 일의 결과에 대해 근심할 필요 없이 즐겁고 평화롭게 일하게 될 것이다.

나는 다양한 기쁨과 만족 속에 살아가는 한 여인을 알고 있다. 최근에 어떤 친구가 그녀에게 이런 말을 건넸다. "아, 당신은 정말 운이 좋군요! 그저 바라기만 하면 원하는 것이 이루어지니 말입니다."

사실 표면적으로는 그렇게 보였다. 하지만 실상은 달랐다. 그 여인의 인생에 찾아든 모든 행복은 그녀가 일생 동안 완성을 향해 열심히 계발하고 단련해온 정신적 행복의 직접적인 결과였다. 단순히 바라기만 하는 것은 실망밖에 가져오지 않는다. 효과를 내는 것은 실제 삶이다. 어리석은 자는 바라기만 하고 불평한다. 반면에 현명한 자는 묵묵히 일하면서 기다린다.

그 여인은 내적으로나 외적으로 부단히 노력했다. 그녀는 특히 자신의 감정과 마음을 정성들여 가꾸었다. 그녀는 영혼이라는 보이지 않는 손으로 믿음, 희망, 기쁨, 헌신, 사랑이라는 보석을 가지고 아름다운 빛의 신전을 마음속에 건축했다. 그 신전의 찬란한 광채는 항상 그녀 주위를 감쌌다. 그 광채는 그녀 눈 속에서 빛났고, 그녀의 얼굴과 목소리를 통해서도 발산되었다. 그래서 그녀와 만나는 사람들은 모두 그녀의 매력에 이끌렸다.

당신의 운명은 당신이 만들고 있다

당신 역시 그 여인의 경우와 다를 바가 없다. 당신은 당신의 성공, 당신의 실패, 당신의 영향력, 당신의 인생 전체를 항상 지니고 다닌다. 당신 생각의 주된 경향이 당신의 운명을 결정하는 주요 요인이기 때문이다. 사랑스럽고, 순수하고, 행복한 생각을 내보내면 축복이 당신 손에 쥐어질 것이며, 당신의 식탁에는 평화의 식탁보가 펼쳐질 것이다. 그러나 증오심과 불순하고 불행한 생각을 내보내면, 저주가 당신에게 쏟아질 것이며 공포와 불안 속에서 잠들게 될 것이다.

당신의 운명은 절대적으로 당신이 만드는 것이다. 그 운명이 어떤 형태이든 말이다. 매 순간 당신은 인생의 성공과 실패를 좌우할 영향력을 스스로 내보내고 있다. 당신의 마음을 관대하고, 다정하고, 이타적인 방향으로 성숙시켜라. 그러면 당신이 돈을 별로 벌지 못한다 해도, 당신의 영향력과 성공은 크고 영속적일 것이다. 사리사욕의 좁은 한계 내에 당신의 마음을 가둔다면, 설령 백만장자가 된다 해도, 당신의 영향력과 성공은 아주 보잘것없는 것으로 결국 평가될 것이다.

그렇다면 이 순수하고 이타적인 정신을 도약하라. 그리고 순수성과 믿음에 단일한 인생 목표를 결합시켜라. 그러면 당신은 풍요로운 건강과 지속적인 성공의 요소뿐만 아니라 위대함과 힘의 요소까지 내면에서 끌어내는 셈이다.

당신의 현실이 불만족스럽고 하는 일이 마음에 들지 않아도, 끈기를 가지고 성실하게 임무를 수행하라. 그리고 보다 나은 지위와 더 큰 기회가 당신을 기다리고 있다고 생각하면서, 새롭게 싹트고 있는 기회들에 대해 적극적으로 예측하고 전망하는 태도를 항상 유지하라. 그래야 결정적인 순간이 와서 새로운 길이 모습을 드러낼 때, 그 일에 충분히 준비된 정신을 가지고 또한 정신 수양에서 생겨난 지성과 선견지명을 가지고 그 길에 들어설 수 있다.

당신이 맡은 임무가 무엇이든, 그 일에 온 정신을 집중하고, 전력을 기울여라. 작은 일을 나무랄 데 없이 완벽히 수행하면 점점 더 큰일이 반드시 주어지기 마련이다. 꾸준한 노력을 통해 항상 향상의 길을 걷고 절대로 퇴보하지 않도록 주의하라. 여기에 진정한 힘의 비결이 있다.

끊임없는 연습을 통해, 당신의 정신적 자원을 보존하는 방법과 언제 어느 때라도 한곳에 그 자원을 집중시킬 수 있는 방법을 터득하라. 어리석은 자는 육체적 방종과 경솔한 언행, 어리석은 잡담, 이기적인 논쟁으로 자신의 정신적 에너지와 영적 에너지를 모두 낭비해버린다.

부동(不動)의 힘

만일 당신이 압도적인 힘을 얻고 싶다면, 마음의 평정과 냉정함을 계발해야 한다. 당신은 홀로 설 수 있어야 한다. 모든 힘은 부동성(不動性)과 관련되어 있다. 거대한 산, 육중한 바위, 폭풍

우를 견뎌낸 참나무 등은 고독한 웅장함과 꿋꿋한 불변성을 겸비했기 때문에 우리 인간에게 진정한 힘의 의미를 연상하게 한다. 반면에 이리저리 밀리는 모래 더미, 부러지기 쉬운 나뭇가지, 흔들리는 갈대와 같은 것들은 움직이기 쉽고, 저항력이 없고, 무리에서 따로 떨어지면 전혀 쓸모가 없기 때문에 나약함의 의미를 연상하게 한다. 동료들 모두가 어떤 감정이나 격정으로 인해 동요할 때도, 홀로 고요하고 흔들리지 않는 자가 바로 힘을 가진 자이다.

자기 자신을 지배하고 통제할 줄 아는 사람만이 다른 이를 지휘하고 통제하기에 적합한 자이다. 히스테리를 일으키는 자, 근심이 많은 자, 경솔하고 경박한 자는 지켜줄 친구를 구하도록 하라. 친구가 없으면 지지 기반도 없이 타락하게 된다. 그러나 고요한 자, 근심 없는 자, 사려 깊고 침착한 자는 숲과 사막, 산꼭대기의 고독을 추구하도록 하라. 그렇게 하면 이미 가진 힘에 더 많은 힘이 더해져서, 흔히 인간이 빠져드는 심리적인 동요와 혼란을 성공적으로 헤쳐나가게 될 것이다.

격정은 힘이 아니다. 격정은 힘의 남용이며, 분산이다. 격정은 튼튼한 성벽의 바윗돌에 거세게 휘몰아치는 격렬한 폭풍과도 같다. 반면에 힘은 폭풍 속에서도 끝까지 고요하게 확고부동하게 남아 있는 바위와도 같다.

마르틴 루터가 보름스(Worms)에 가려 하자 그의 안전을 걱정하는 많은 친구들이 막아서며 그를 말렸다. 친구들의 설득과 반대가 수그러들지 않자 그는 이렇게 말했다. "저 지붕 위의 기와만큼이나 많은 악마가 보름스에 있다 해도 나는 갈 것이다." 마르틴 루터의 그 말이야말로 진정한 힘의 표상이었다.

또 벤저민 디즈레일리가 첫 의회 연설에서 실패하자 의원들의 비웃음이 빗발처럼 그에게 쏟아졌다. 그때 그는 이렇게 말했다. "언젠가 당신들이 내 연설을 듣는 걸 영광으로 여길 날이 올 것입니다." 그것은 갓 생겨난 힘의 맹아를 보여준 말이었다.

계속되는 실패와 불운을 겪어야 했던 디즈레일리는 친구들의 비웃음과 심지어 더 이상 노력해도 소용없다는 말까지 들었다. 하지만 그는 의연하게 "당신들이 나의 행운과 성공에 놀랄 날이 머지않았다"라고 응수했다. 그것은 그가 수많은 역경을 뚫고 멋지게 성공함으로써 자신의 삶을 빛나게 한, 고요하고 흔들림 없는 힘의 소유자라는 사실을 보여주는 일화였다.

하찮은 것에 정신력을 낭비하지 말라

당신에겐 그런 힘이 없다고 한탄하지 말라. 누구라도 꾸준한 연습과 훈련을 통해 그러한 힘을 얻을 수 있다. 그리고 힘의 시작은 지혜의 시작이기도 하다. 당신은 이제까지 무익하고 하찮은 일에 에너지를 자진하여 낭비해왔지만 그런 낭비를 극복함으로써 힘을 축적하기 시작해야 한다. 시끄럽고 자제력 없는 웃음,

타인에 대한 비방과 시시껄렁한 잡담, 단지 남을 웃기기 위한 농담을 멀리해야 한다. 그것들은 당신의 귀중한 에너지를 그만큼 낭비한다.

성 바오로는 에페소인들에게 '어리석은 말과 유치한 농담'을 하지 말라고 경고했다. 이 경고만큼 숨겨진 정신적 발전의 법칙에 대한 그의 놀라운 통찰력을 잘 보여주는 것은 없다. 유치하고 어리석은 습관이 몸에 배면 정신적인 힘과 영적 삶이 모두 파괴되기 때문이다.

그런 정신적 낭비를 허용하지 않는 데 성공할 때, 당신은 진정한 힘이 무엇인지 이해하기 시작할 것이고, 그때서야 당신은 자신의 영혼을 속박하고 힘에 이르는 길을 가로막는 더 강력한 욕망들과 맞서 싸우기 시작할 것이며, 한층 더한 발전도 보장될 것이다.

무엇보다도, 단 하나의 인생에 목표를 세워라. 정당하고 유용한 목표를 갖고, 그 목표에 아낌없이 매진하라. 어떤 것에도 한눈 팔지 않도록 하라. '결단을 못 내리는 사람은 어떤 길을 가든 흔들리기 쉽다'는 점을 기억하라. 열심히 배워라. 그러나 되도록 남에게 의존하지 말라. 자신의 일을 철저히 이해하고 그것을 완전히 자신의 것으로 만들어라. 절대적으로 신뢰할 수 있는 안내자인 양심의 소리를 항상 따르면서 앞으로 나아갈 때, 당신은 승승장구할 것이며, 한 걸음씩 보다 높은 곳에 오르게 될 것이고,

당신의 시야는 계속 더 넓어져, 본질적인 아름다움과 인생의 목적이 점차 눈앞에 드러날 것이다.

자신을 정화하라. 그러면 건강이 찾아올 것이다. 극기하라. 그러면 힘이 생길 것이며 당신이 하는 모든 일이 번영할 것이다. 왜냐하면 당신이 자기 자신의 노예가 되어 전체에서 떨어져 나간 개체가 되는 것을 그만두고 우주의 위대한 법칙과 조화를 이루어 우주의 생명, 영원한 선과 더 이상 맞서지 않고 협력할 것이기 때문이다. 그러면 당신이 얻은 건강은 계속 당신과 함께 할 것이며, 당신이 이루는 성공은 모든 세속적 계산을 초월할 것이고 결코 쇠퇴하지 않을 것이다. 또한, 당신이 행사하는 영향력과 힘은 시대가 변해도 계속 증가할 것이다. 왜냐하면 그것은 우주를 지탱하는 불변의 원리의 일부가 될 것이기 때문이다.

그렇다면 건강의 비결은 바로 '순수한 마음과 질서 잡힌 정신'이다. 성공의 비결은 '확고한 믿음과 현명하게 설정된 목표'이다. 그리고 단호한 의지로 욕망이라는 검은 말의 질주를 제어하는 것, 그것이 힘의 비결이다.

모든 길이 내가 지나가주기를 기다리고 있다.
밝은 길과 어두운 길, 생기 넘치는 길과 무기력한 길,
넓은 길과 좁은 길, 높은 길과 낮은 길,
좋은 길과 나쁜 길이. 빠른 걸음이나 느린 걸음으로,

나는 지금 원하는 대로 아무 길이나 들어갈 수 있다.
그리고 실제로 걸어봄으로써 어떤 길이 좋고 어떤 길이 나쁜지 깨닫는다.

만약 내가 마음에서 우러난 순수성이라는
높고 거룩한, 좁은 길에
신성한 맹세를 하고 들어가서 거기에 머문다면,
비아냥거리고 조소하는 사람들로부터 떨어져서
가시의 길을 지나 꽃이 만발한 초원을 향해 걷는다면,
온갖 좋은 것들이 나의 방황하는 발걸음을 기다린다.

만약 내가 지나가는 매 순간마다 사랑과 인내를
놓치지 않는다면, 또 항상 결백함을 지키고
고도의 성실성으로부터 결코 벗어나지 않는다면,
나는 건강과 성공과 힘이 기다리고 있는 곳에
설 수 있다. 그리하여 영원한 생명의 나라를
마침내 보게 될 것이다.
온갖 좋은 것들을 나는 추구하고 찾을 수 있으며, 얻을 수도 있다.
나는 권리 주장을 하지 않을 수 있으나, 잃는다면 되찾을 수도 있다.

법칙이 나를 위해 구부러질 수는 없으며 내가 법칙에
순종해야 한다. 내 고통을 종식시키려면,
내 영혼이 빛과 생명을 회복하려면,
그리고 더 이상 눈물을 흘리지 않으려면.

온갖 좋은 것들에 대한 오만하고 이기적인 권리 주장은
내 것이 아니다. 추구하고 깨닫고 알고 이해하고자 하는
겸손한 의도가 내 것이다.
모든 성스러운 발걸음은 지혜를 향하여 나아간다.
내 것이라고 주장하거나 명령할 수 있는 것은 아무것도 없다.
그러나 이해하고 알고자 한다는 의미에서는 모든 것이 내 것
이다.

06

풍요로운 행복의 비결

행복에 대한 인간의 갈망은 행복의 결핍 상태만큼이나 대단하다. 가난한 이들은 대부분, 부를 소유하면 완전하고 영구적인 행복을 얻을 거라 믿으면서 부를 애타게 바란다. 그러나 부자들 중 상당수가 모든 욕망과 즉흥적인 기분을 만족시킨 후에도 권태와 포만감으로 괴로워하며, 심지어는 아주 가난한 자들보다도 행복에서 더 멀리 떨어져 있다.

세상만사를 곰곰이 숙고해본다면, 행복이 단순히 물질적 소유에서 오는 것이 아니며, 불행이 단순히 물질적 소유의 결핍에서 비롯되는 것도 아니라는 아주 중요한 진실을 깨닫게 될 것이다. 만일 그게 아니라면 가난한 자는 항상 불행하고, 부자는 항상 행복해야 할 것이다. 그러나 우리는 그 반대의 경우도 종종 볼 수 있지 않은가.

내가 알고 있는 아주 불행한 사람들 중에는 부와 향락에 둘러싸인 사람들도 있다. 또 내가 만나본 가장 명랑하고 행복한 사람들 중에는 생활을 근근이 유지할 정도로 궁핍한 사람들도 있다. 부를 축적한 사람들 중 상당수가 이구동성으로 말한다. 부의 획득 뒤에 따르는 이기적인 만족은 생활의 달콤함을 앗아갔으며, 자신은 지금 가난했던 시절만큼 행복하지 않다고.

불행을 만들어내는 것

그렇다면 무엇이 행복인가. 어떻게 행복을 지킬 수 있는가? 행복은 허구와 착각에 불과하며, 고통만이 영구적인 것인가?

일부 지혜의 길에 들어선 자들을 제외한 대부분의 사람들은 행복이란 욕망의 만족을 통해서만 얻을 수 있다고 믿는다. 무지의 토양에 뿌리를 내리고 이기적 갈망으로 계속 강화되는 이 믿음이야말로 세상 모든 불행의 원천이다.

나는 욕망이란 단어의 의미를 비천한 동물적 갈망으로 한정하는 것이 아니다. 더 고차원적인 마음의 영역에서는 훨씬 더 강력하고 미묘하고 은밀한 갈망들이 품위 있는 지성인들을 속박하며, 그들에게서 영혼의 아름다움과 조화와 순수성을 모두 빼앗아간다. 영혼의 이 속성들이야말로 행복의 원천인데도 말이다.

대부분의 사람들은 이기심이 세상 모든 불행의 원인이라는 사실을 인정하지만, 자기 자신의 이기심이 아닌 다른 사람의 이기심이 불행의 원인이라는 영혼 파괴적인 미혹에 빠져 있다. 불행이란 자신의 이기심이 빚은 결과라는 사실을 기꺼이 인정할 때, 당신은 천국의 문에서 그리 멀지 않은 곳에 있는 것이다. 그러나 삶의 기쁨이 사라진 것이 다른 이들의 이기심 때문이라고 확신하는 동안에는, 당신은 스스로 만들어낸 연옥의 죄수로 남아 있을 것이다.

행복은 기쁨과 평화가 샘솟는 완벽한 정신적 만족의 상태이다. 그리고 그 상태에서는 모든 욕망이 제거된다. 욕망의 충족에서 오는 만족 상태는 짧고 환상에 불과하며, 점점 더 높은 만족감을 필요하게 된다.

욕망은 결코 만족할 줄 모르며, 자신의 요구가 받아들여지면 점점 더 소리 높여 아우성친다. 욕망은 자신에게 현혹된 열광적 추종자들이 계속해서 더 많은 봉사를 하도록 요구한다. 그리하여 그 추종자들은 결국 몸과 마음의 고통으로 쓰러지며, 고통이라는 정화의 불길 속에 던져진다. 욕망은 지옥의 영역이다. 인간의 모든 고통과 고뇌가 거기에 중심을 두고 있다. 따라서 욕망을 포기하는 것은 천국을 실현하는 것이며, 모든 기쁨이 거기서 순례자를 기다린다.

나는 천상으로 내 영혼을 올려 보냈으며
저승의 글자 몇 개를 읽었다.
이윽고 내 영혼은 나에게로 돌아왔고,
그리고 속삭였다. "스스로가 천국이고 지옥이다."

천국과 지옥은 마음의 상태이다

천국과 지옥은 마음의 상태이다. 자아와 모든 이기적 욕망에 빠져들라. 그러면 당신은 지옥에 빠져들 것이다. 그 의식 상태를 초월하여 자아를 전적으로 부정하고 잊으라. 그러면 천국에 들어설 것이다.

자아는 맹목적이며 올바른 판단력과 참된 지식을 결여하여 항상 고통에 이르고 만다. 올바른 인식, 공정한 판단, 그리고 참된 지식은 신적인 의식 상태에만 속하며, 당신은 이 신적인 의식에 도달해야만 진정한 행복이 무엇인지 알 수 있다.

사사로운 행복만을 이기적으로 계속 추구하는 동안에는, 행복이 당신에게서 멀어질 것이며 당신은 본의 아니게 불행의 씨앗들을 뿌리고 있을 것이다. 반면에 당신이 다른 이들을 위해 봉사하는 가운데 자아를 잃는다면, 그만큼의 기쁨이 당신을 찾아올 것이며, 머지않아 당신은 행복이라는 대가를 거둬들이게 될 것이다.

행복한 마음은 사랑받는 데 있지 않고
사랑하는 가운데 있다.
우리가 추구하던 대상을 발견하는 것은
선물을 구하는 데 있지 않고
선물을 주는 가운데 있다.
당신의 열망과 당신의 필요가 무엇이든,
바로 그것을 아낌없이 다 주어라.
그럼으로써 당신의 영혼은 만족하게 될 것이며,
당신의 삶은 진정 풍요해질 것이다.

얻기 위해 포기하라

자아에 집착하면 슬픔에 집착하게 된다. 자아를 포기하면 평화에 들어서게 된다. 이기적으로 얻으려고만 하면 기쁨을 잃게 될 뿐 아니라, 기쁨의 원천까지 잃게 된다. 폭식가가 끊임없이 새로운 요리를 찾고, 그것으로 자신의 약화된 식욕을 자극하는 것을 보라. 그가 과식으로 몸이 무거워지고 질병에 걸려, 결국에는 음식을 먹는 즐거운 행위 자체가 곤욕이 되는 것을 보라.

식욕을 절제하고, 미각의 향락에 조금도 빠져들지 않는 사람은 아무리 검소한 식사도 즐겁게 먹는다. 사람들이 욕망의 만족 속에 있다고 자아의 눈을 통해 상상하는 화려한 행복은, 막상 그것을 붙잡고 보면 불행의 해골임이 금세 드러난다. 진정 '자기 생명을 아끼는 사람은 잃을 것이며, 진리를 위해 자기 생명을 잃는 사람은 얻을 것이다'.

변치 않는 행복은 당신이 이기적인 집착에서 벗어나 자발적으로 포기할 때 찾아올 것이다. 당신에게 아주 소중하지만 언젠가는 당신에게서 떠나갈 일시적인 것들을 아낌없이 체념한다면, 당신에게 고통스러운 상실처럼 보였던 것이 결국에는 최상의 이익이 됨을 발견하게 될 것이다. 얻기 위해 포기하는 것, 자발적으로 양보하고 손해를 입는 것, 그것이 참으로 생명의 길이다.

변치 않는 진정한 행복

본질상 언젠가는 사라질 수밖에 없는 것들에 마음을 쏟으면서 진정한 행복을 찾을 수 있을까? 아니다. 변치 않는 진정한 행복은 영속적인 것에 마음의 중심을 둘 때만 찾을 수 있다.

그러므로 일시적이고 찰나적인 것들에 대한 집착과 갈망을 초월하라. 그러면 당신은 신의 의식 속으로 들어갈 것이다. 그리고 자아를 초월하여 순수성, 자기희생, 보편적 사랑의 정신이 점점 더 자라남에 따라 당신이 신의 의식 속에 확고히 자리 잡을 때, 당신은 어떤 변동도 없고 누구도 빼앗아갈 수 없는 행복을 실현하게 될 것이다.

티끌만 한 사심도 없이 타인에 대한 사랑을 실천하는 사람은 최고의 행복을 얻을 뿐만 아니라, 영원한 생명에 들어서게 된다.

그 마음은 이미 신성을 실현했기 때문이다. 당신의 삶을 뒤돌아 보라. 당신이 최고로 행복했던 순간은 어느 때였는가. 그것은 아마 사심 없는 사랑이나 동정심에서 우러나온 말과 행동을 실천했을 때일 것이다.

행복과 조화는 영적으로 같은 뜻이다. 조화는 우주를 지배하는 위대한 법칙의 한 양상이며, 사랑은 그 법칙의 정신적 표현이다. 모든 이기심은 부조화이다. 이기적인 마음은 신의 질서에서 벗어나 있다. 인간은 자아의 부정이기도 한 우주적 사랑을 실현할 때, 신성한 음악, 우주의 노래, 말로 형용할 수 없는 그 성스러운 멜로디에 자신을 조화시킨다.

사람들은 행복을 찾아 맹목적으로 여기저기 달려들고 있지만 행복을 찾지 못한다. 행복은 온 세상을 가득 채우고 있어서 이미 자기 마음속에 있고 자기 주위에도 있다는 것과 자신이 이기적인 추구 속에서 스스로 행복을 차단하고 있다는 것을 이해하기 전까지 사람들은 계속 방황할 것이다.

행복을 갖기 위해 나는 행복을 쫓아갔다.
높이 솟은 잠나무와 바람에 흔들리는 담쟁이덩굴을 지나서.
행복은 달아나고, 나는 뒤를 쫓는다.
경사진 언덕과 골짜기를 넘어,
들판과 초원을 지나, 자줏빛 계곡에서

기운차게 흐르는 시냇물을 따라 달리며,
독수리가 우는 아슬아슬한 벼랑을 기어올랐다.
모든 육지와 바다를 바쁘게 돌아다녔지만,
행복은 늘 나를 피해 달아났다.
지치고, 마음 약해진 나는 더 이상 쫓아가질 않았고,
불모의 땅에 그냥 주저앉아버렸다.
누군가 내게로 와 음식을 달라 하였고,
또 누군가는 자선을 부탁하였다.
나는 그들의 여윈 손에 빵과 돈을 쥐어주었다.
누군가 동정을 구하러 왔고, 또 누군가는 휴식을 찾아왔다.
나는 도움이 필요한 모든 이와 함께 내가 가진 모든 것을 나누었다.
그때, 보라! 감미로운 행복이 성스러운 모습으로 내 옆에 서 있다.
'나는 너의 것'이라고 부드럽게 속삭이며.

버레이(Burleigh)의 이 아름다운 시구는 풍요로운 행복의 비결을 표현하고 있다. 사사롭고 일시적인 것들을 희생시켜라. 그러면 당신은 이타적이고 영원한 차원 속으로 즉시 들어갈 것이다. 모든 것을 자신의 작은 이익에 종속시키고자 하는 편협하고 옹색한 자아를 포기하라. 그러면 당신도 천사들의 무리에 낄 것이며, 보편적 사랑의 본질과 하나가 될 것이다.

다른 이의 슬픔에 공감하고 그들을 돕는 가운데 자신을 완전히 잊으라. 그러면 성스러운 행복이 당신을 모든 슬픔과 고통에서 해방시킬 것이다.

"우선 좋은 생각을 갖고, 그다음엔 좋은 말을 하고, 그러고 나서 좋은 행동을 함으로써 나는 천국에 들어갔다." 당신 역시 똑같은 과정으로 천국에 들어갈 수 있다. 천국은 멀리 있는 것이 아니다. 바로 우리 곁에 있다. 천국은 사심 없고 이타적인 사람만이 도달할 수 있으며, 마음이 순수한 사람만 천국을 온전히 알 수 있다.

끝없는 행복인 천국을 당신이 아직 모르고 있다면, 사심 없는 사랑이라는 높은 이상을 항상 마음에 품고 그것을 열망함으로써 천국을 실현하기 시작할 수 있다. 열망이나 기도는 높은 곳을 향한 욕망이다. 변치 않는 만족감은 성스러운 영적 근원을 향해 나아가는 영혼 안에서만 발견될 수 있다. 욕망의 파괴적인 에너지는 열망에 의해 한없이 확장되는 신성한 에너지로 변화된다. 열망한다는 것은 욕망의 속박을 떨쳐내기 위해 노력하는 것이다. 열망하는 인간이란 외로움과 고생을 통해 마침내 지혜를 깨닫고, 하느님 아버지의 집으로 돌아오고 있는 탕아이다.

풍요로운 행복의 비결

탐욕스러운 자아를 초월하여 자신을 속박하는 사슬을 하나씩 차례로 깨뜨리면, 당신은 이기적 소유의 불행에서 벗어나 나눔의 기쁨을 실감하게 된다. 즉 당신은 당신의 재산, 당신의 지적 능력, 당신 마음속에서 자라나고 있는 사랑과 빛을 이웃과 함께 나누는 기쁨을 실감하게 된다. 그때 당신은 실로 '받는 것보다 주는 것이 더 행복하다'라는 말의 의미를 이해하게 될 것이다. 그러나 주는 행위는 보상에 대한 욕구 없이, 자아의 더러움 없이 마음에서 우러나온 것이어야 한다.

순수한 사랑의 선물에는 늘 축복이 뒤따른다. 당신이 사랑을 베풀었는데도 사람들이 고마워하지 않거나 아첨하지 않거나 또는 당신 이름이 신문에 실리지 않아서 언짢은 기분이 든다면, 당신이 베푼 것은 진정한 사랑에서 우러나온 것이 아니라 허영심의 발로이며, 당신은 얻기 위해 준 것뿐이고, 따라서 진정으로 준 것이 아니라 움켜쥐려 한 것일 뿐이다.

다른 사람들의 번영에 마음을 쓰는 가운데 자아를 잃어버려라. 당신의 모든 행위 중에 자아를 잊으라. 그것이 풍요로운 행복의 비결이다.

이기심이 발동하지 않도록 항상 경계하라. 마음에서 우러나온 희생이라는 성스러운 교훈을 충실히 배우라. 그럼으로써 당신은 행복의 최정상에 올라 영원한 생명의 빛나는 옷을 입고 우주적 기쁨의 찬란한 빛 속에 항상 머물게 될 것이다.

그대는 시들거나 바래지 않는 행복을 찾고 있는가?
그대는 슬픈 날을 단 하루도 허용하지 않는, 살아 있는 기쁨을 찾고 있는가?
그대는 사랑과 생명과 평화의 시냇물을 간절히 원하고 있는가?
그렇다면 모든 욕망이 마음속에서 떠나게 하고, 이기적인 추구를 멈추도록 하라.

그대는 슬픔이 늘 따라다니는, 고통과 상처의 길에서 꾸물거리고 있는가?
그대는 그대의 지친 발을 더욱 손상시키는 길에서 방황하고 있는가?
그대는 눈물과 슬픔이 없는 안식처를 동경하고 있는가?
그렇다면 그대의 이기적인 마음을 희생시키고 평화의 마음을 찾아내라.

07

번영을 실현하다

진정한 번영의 실현은 성실, 믿음, 관대함, 사랑이 넘치는 마음을 가진 사람에게만 허락된다. 이런 자질이 결여된 사람은 번영을 알 수가 없다. 번영은 행복과 마찬가지로, 물질적 소유가 아니라 정신적 실현이기 때문이다.

탐욕스런 사람은 백만장자가 될 수 있을지는 몰라도 언제나 비참하고 비열하고 불쌍하게 살아갈 것이며, 이 세상에 자기보다 더 부유한 사람이 한 명이라도 있는 한 자신의 재산이 부족하다고 생각할 것이다. 반면에 물질적 소유는 많지 않다 할지라도, 정직하고 남에게 아낌없이 베풀고 다정다감한 사람은 풍요롭고 완전한 번영을 이룰 것이다. 불만을 느끼는 사람이 가난한 자이다. 자신이 가진 것으로 만족하는 사람이 부유한 사람이며, 자신이 가진 것을 아낌없이 베푸는 사람은 더욱 부유한 사람이다.

세상은 정신적·물질적인 온갖 좋은 것들로 가득한데, 그것에 비해 몇 푼의 금화나 몇 평의 땅을 지키기 위해 맹목적으로 열심히 노력하는 인간의 이기심은 얼마나 암울하고 무지한 것인가! 자기중심적인 삶은 자기 파멸의 길이다.

자연은 조건 없이 모든 것을 베풀지만, 아무것도 잃지 않는다. 인간은 모든 것을 붙잡으려 하면서도 모든 것을 잃는다.

진정한 번영

진정한 번영을 실현하고자 한다면, 다른 많은 사람들이 그랬던 것처럼, 당신이 옳은 일을 하면 모든 일이 잘못될 거라는 고정관념을 갖지 말라.

'경쟁'이란 단어가, 정의를 최고의 덕목으로 생각하는 당신의 믿음을 흔들지 못하게 하라. 나는 '경쟁의 법칙'에 대해 사람들이 어떤 말을 하든 개의치 않는다. 세상에는 불변의 법칙이 있다. 이 법칙은 정의로운 사람의 마음과 인생에서 언젠가는 경쟁의 법칙을 모두 몰아내고 말 것이다.

이 불변의 법칙을 알게 된 후로, 나는 모든 부정직한 행위를 평온한 마음으로 지켜볼 수 있다. 그런 행위가 어디서 확실한 파멸을 맞게 될지 알기 때문이다.

어떤 상황에서든 당신이 옳다고 믿는 것을 실천하라. 그리고 세상을 지탱하는 불변의 법칙을, 우주에 내재하는 신성한 힘을 신뢰하라. 그러면 그 힘은 절대로 당신을 버리지 않을 것이며, 항상 당신을 보호할 것이다. 이러한 신뢰는 당신의 모든 손실을 이익으로 바꿀 것이며, 위협적인 온갖 저주의 말을 축복으로 바꿀 것이다. 성실, 관용, 사랑을 절대로 놓지 말라. 이것들이 힘과 결합되면, 당신을 진정한 번영의 상태로 끌어올려줄 것이기 때문이다.

세상은 늘 당신에게 말할 것이다. 항상 자기 자신에게 먼저 신경 쓰고, 그런 후에 다른 사람을 배려해야 한다고. 그 말을 믿지 마라. 그런 태도는 다른 사람을 배려하는 것이 전혀 아니며 자신의 안락만을 생각하는 것이다 그렇게 사는 사람은 언젠가는 모든 이에게 버림을 받을 것이다. 그리하여 자신의 말에 귀 기울이고 도움의 손길을 내밀 사람 하나 없이, 외로움과 분노에 떨며 홀로 울부짖게 될 것이다. 자기 자신만을 생각하는 사람은 모든 고귀하고 성스러운 충동을 스스로 속박하고, 왜곡하고, 방해한다. 당신의 영혼을 확장시켜라. 사랑과 관대한 온정이 담뿍 담긴 마음으로 다른 이에게 다가가라. 커다란 기쁨이 계속 당신과 함께 할 것이고, 번영이 당신을 찾아올 것이다.

정의의 길에서 벗어나 방황하는 사람은 경쟁의 세찬 흐름 속에서 자기 자신을 보호한다. 그러나 언제나 정의를 추구하는 사람은 자기방어의 문제로 고민할 필요가 없다. 이건 빈말이 아니다. 실제로 오늘날 성실과 믿음의 힘으로 모든 경쟁을 무시하고, 그들의 신념에서 조금도 벗어나지 않은 채, 다른 이가 경쟁을 목적으로 도전해왔을 때에도 꾸준히 번영의 길을 걸었던 사람들이 있다. 반면에 그들을 해치려는 음모를 꾸몄던 자들은 패배하여 물러갔다.

선한 정신적 자질들을 지니는 것은 악의 힘을 모두 차단하는 강력한 갑옷을 입는 것과 같다. 그리고 그러한 자질들을 갖는 것은 흔들리지 않는 성공을 쌓아 올리는 것이며, 영원히 지속될 번영의 길로 들어서는 것이다.

눈에 보이지 않는 마음의 흰옷은
죄와 슬픔, 비탄과 고통으로 얼룩져 있다.
모든 참회의 눈물과 기도의 샘물로도
그것을 다시 새하얗게 세탁할 수 없다.

무지의 길을 걷는 동안에는
죄의 얼룩이 계속 배어들 것이다.
이기심의 구부러진 길은 마음의 불결함이 특징이다.
그 길에는 고민이 잠복해 있고 실망이 가슴을 찌른다.
지식과 지혜만이 정화의 효력이 있고
내 옷을 깨끗하게 만들 수 있다.

그 안에는 사랑의 물이 있고,

영원하고 고요한, 방해받지 않는 평화가 있기 때문이다.

죄와 후회는 고통의 길이며, 지식과 지혜는 평화의 길이다.

실천이라는 가까운 길을 통해,

나는 어디에서 행복이 시작되고,

어떻게 고통과 슬픔이 종식되는지 발견하게 될 것이다.

이기심은 떠나게 될 것이다.

그리고 진리가 그 자리를 차지할 것이다.

변함없는 존재인 신(神)이 내 안에 그의 거처를 정하고

보이지 않는 마음의 흰옷을 청결하게 해줄 것이다.

2

눈부신 인생

01

믿음과 용기

내면의 적과 용감히 싸우는 사람에게는 승리자로 살아갈 눈부신 인생이 약속되어 있다. 내면의 모든 적들을 싸워 물리치고 지식과 차분함과 기쁨의 최고 상태에 도달하는 것은 인간의 신성한 사명이고 눈부신 목표다. 이것은 과거의 모든 성자, 현자, 구세주들이 지적해온 것이기도 하다.

이 신성한 영역에 도달한 사람은 아직 극소수이지만 그 숫자는 날이 갈수록 늘고 있다. 그리고 비록 이번 생에서는 도달하지 못했다 하더라도 언젠가 누구나 이 영역에 도달하게 될 것이다.

인류의 대다수는 아직 인생이라는 학교의 학생들이다. 그 대부분은 역시 학생인 상태에서 죽게 될 것이다. 그러나 이번 생에서 인간으로서 배워야 할 것들을 전부 학습하고, 큰 기쁨을 가진 채 다음 단계를 향해 나아가는 사람들도 적지 않을 것이다.

원래 사람은 잘못을 반복하면서 영원히 학생으로 남기 위해 존재하는 것이 아니다. 누구나 언젠가는 인생이라는 학교를 졸업한 후에 자신감 넘치는 유능한 학자로서, 무지와 고뇌가 아닌 지식과 기쁨 속에서 살아가게 될 것이다.

사람들의 고통은 끊이지 않고 언제까지고 계속될 것 같다. 하지만 그것은 스스로의 의지로 얼마든지 끊을 수 있다.

사람들의 마음속에서는 제어되지 않은 감정이 맹위를 떨치고 애처로울 정도로 혼란을 일으키고 있다. 그러나 이런 감정도, 진정이 되어 현명하게 이끌어지고 이해된다면, 고매한 목적에 봉사하는 순종적인 하인으로 변신하게 된다.

우주를 지배하는 법칙을 신뢰하는 것이 '진정한 신앙'

대다수 사람들에게 인생은 어려움의 연속이다. 그리고 그들은 이런 어려움과의 격한 싸움을 계속하고 있다. 미래에 대해 희망을 갖기는 하지만 그것도 항상 불확실하고 덧없다. 사람들은 싸움에 지쳐서 하나둘 힘을 잃어가고 있다.

하지만 이런 상황은 절대적이거나 객관적인 상황이 결코 아니다. 이것은 주관적이며 순전히 마음속에서 생기는 상태가 나타난 것이다.

원래 완벽한 질서가 유지되고 있는 우주에서는 악(惡)이라 이름이 붙는 것은 무엇이든 영원히 존재할 수 없으며, 마음은 언제나 악이 도달할 수 없는 단계까지 상승할 수가 있다.

'진정한 신앙'이 인생을 승리로 이어지는 문으로 인도한다. 이 우주를 지배하고 있는 영원불멸의 법칙을 강하게 신뢰하는 것이야말로 '진정한 신앙'이다. 이 법칙은 '원인 없이 발생하는 일은 하나도 없으며, 발생한 일들은 모두 그렇게 될 만한 정당한 이유를 갖고 있다'고 말한다.

무슨 일이 일어나도 당황하지 않고 어떤 상황에서도 침착함을 유지하고 싶은 사람은 우선 "인생은 언제나 '법칙'의 완벽한 통치하에 있다"는 사실을 믿어야 한다.

우주에 완벽한 질서를 가져오는 법칙은 우리를 소생시키고 항상 선(善)으로 이끌고 있다. 우리는 법칙에 따라 살아감으로써 진정한 자유에 도달하게 된다. 우리가 진정한 자유를 완벽하게 체험하기 위해서는 "'법칙'은 항상 정의가 기능하고 있으며, 자기 인생을 스스로가 파괴하지 않는 한 어떠한 혼란도 일어나지 않는다"라는 사실을 명확히 알고 있어야 한다.

이 지식을 익히는 것은 쉬운 일이 아닐지 모른다. 불완전한 상태에 있는 마음은 안 좋은 일이 일어날 때마다 자신을 불쌍히 여기거나 변호하고 싶어하는 경향을 강하게 갖기 때문이다. 그러나 이 지식을 익히는 것은 누구나 가능하다.

우선 법칙이 존재하고 그것은 언제나 정의롭다는 사실을 믿는 것이 시작이다. 그리고 이 신념, 즉 신앙이자 법칙에 따라 살아가려고 노력함으로써 지식은 성숙되는 것이다.

인생의 패배자란 어떤 사람인가?

인생의 고통을 귀중한 경험으로 받아들이면 그것은 더 이상 고통이 아니다. 이것은 흔들림 없는 신앙을 가진 사람들이 자주 사용하는 방법이다. 말하자면 그들은 모든 체험을 긍정적으로 받아들여 인격 향상에 이용하는 사람들이다.

진정한 신앙은 지식이라는 맑은 햇살에 선행하는 새벽빛과 같다. 신앙을 갖지 않는 한 지속적인 마음의 강인함과 차분함은 절대 가질 수 없다. 흔들림 없는 신앙을 가진 사람들은 언제나 선의 승리를 믿고, 어떤 어려움에 직면하더라도 결코 좌절하지 않고, 어떤 재난을 당하더라도 결코 절망하지 않는다. 그들은 눈앞에 펼쳐진 길이 아무리 가파르고 어둡더라도, 그 길 끝에는 빛으로 가득한 안식의 땅이 틀림없이 존재한다는 사실을 믿고 그것을 향해 힘차게 나아간다.

그러나 선의 승리를 믿지 않는 사람들은 나쁜 일에 직면하면 바로 백기를 들어버리는 경향이 있다. 최종적으로는 선이 아닌 악이 승리할 것이라고 생각하고 있기 때문에, 그러는 것도 무리는 아니다. 그런 그들에게는 당연히 나쁜 결과가 끝없이 이어질 수밖에 없다.

인생이라는 전쟁에서 계속해서 패배하는 사람들은, 무심코 타인의 잘못된 행동을 공격한다. 그들은 '주위 사람들의 교활한 행동이나 배반이 없었다면 나는 멋있는 성공을 거뒀을 것이다, 큰 부자가 됐을 것이다, 큰 명성을 얻었을 것이다'라고 생각하고, 그것을 자신뿐만 아니라 다른 사람들도 믿도록 하기 위해 기를 쓰고 있다.

그들은 자신이 얼마나 속았는지, 이용당했는지, 억울한 평판을 받았는지를 항상 말하고 다닌다. 그들의 말에 의하면 그들 스스로는 신뢰할 수 있고 순진무구하고 성실하고 선량한 사람인 반면, 그들 이외의 사람들은 대부분 불성실한 악인들이다.

그들은 말한다.

"만일 내가 다른 사람들처럼 이기적이었다면 번성하고 큰 명예를 얻었을지 모른다. 내 인생이 내가 원하는 대로 되지 않은 것은 내가 너무 선한 사람이기 때문이다."

이렇듯 인생의 패배자들은 인간의 본질과 우주의 선성(善性)에 대한 신뢰를 완전히 잃은 사람들이다. 그들은 타인의 나쁜 점만 보는 반면 자신에게는 맑은 영혼만 있다고 착각한다. 그들에게는 자기 내면의 악을 발견하려는 의지가 전혀 없다. 그들에게 있어서 나쁜 것은 항상 타인이다.

그들은 비열한 악마를 마음속 인생의 통치자 지위에 올려놓고 외부 세계에서 펼쳐지는 '탐욕스럽게 뺏고 뺏기는 싸움'에만 눈이 팔려 있다. 이 세계에서 선은 항상 짓뭉개지고 악은 언제나 승리하는 것 같다.

그들은 자신의 어리석은 행위나 무지, 나약함 같은 것에는 전혀 눈길을 주지 않는다. 그들이 보고 있는 것은 그들의 인생에 가득 차 있는 고통과 슬픔, 그들의 그런 인생을 결정하는 '불의(不義)'뿐이다.

보다 큰 성공을 위한 실패

인생에 있어서 승리를 목표로 하는 사람은, 선량하고 순수한 것의 가치를 과소평가하고 비열하고 불순한 것을 그 위에 놓으려는 마음의 잘못된 성벽(性癖)을 뿌리째 뽑아버려야 한다. 단순히 물질적인 성공을 이루고 싶어 하는 사람들조차 그것을 지속시키고 싶다면 마찬가지로 행동해야 한다. '불성실함이나 이기심이 성공을 달성하기 위한 최고의 무기'라고 믿는 사람에게는 결국 틀림없이 불운과 고통, 그리고 패배가 찾아온다.

'타인에게 지지 않으려면 자신의 내면에 있는 선한 것들을 억제해서 그것들이 드러나지 않도록 해야 한다'라고 믿는 사람이 어떻게 강함이나 용기를 키우고 무슨 평화나 행복을 즐길 수 있겠는가?

'악이 선보다 강하고 악인이 더 멋진 인생을 살 수 있다'라고 믿는 사람은 항상 악의 편에 서 있는 사람이다. 그리고 그들은 악의 요소와 너무나 깊이 관계하고 있기 때문에 빈번하게 패배하고 큰 고통을 맛보는 사람들이기도 하다.

어쩌면 당신의 눈에는 이 세상이 악에 굴복하고 있는 것처럼 보일지도 모른다. 악은 번영하는 반면 선은 멸망하고, 우연과 불의, 무질서만이 판을 치고 있는 것처럼 보일지도 모른다. 만일 그렇다면 이런 망상을 버려라. 자기가 세상을 있는 그대로 보고 있지 않다는 사실을 깨달아야 한다. 당신은 아직 외부에서 발생하고 있는 사실의 '원인'에는 눈길을 주지 않은 것이다.

어떤 일이든 그것이 발생할 때는 정당한 이유가 있다. 법칙을 신뢰해야 한다. 진정한 신앙을 가져야 한다. 이 신앙을 갖는 순간부터 당신은 많은 사람들이 악과 무질서, 불의와 함께하고 있는 곳에서 선과 질서, 정의를 볼 수 있는 사람이 될 것이다.

선의 강한 힘을 신뢰하고 있는 사람은 겉으로 보이는 어떠한 부정, 어떠한 좌절, 어떠한 재난에도 흔들리지 않으며, 의심이나 절망과 같은 악과도 과감히 맞설 수 있는 고매한 용기를 갖고 모든 위기, 시련, 어려움을 훌륭하게 극복할 수 있는 사람이다.

단, 그렇다고 해서 그가 모든 목표를 완벽하게 달성할 수 있는 사람은 아니다. 그런 사람이라 하더라도 많은 실패를 체험하게 될 것이다. 그러나 그 사람이 겪는 실패는 모두 그 사람을 보다 높은 목표와 보다 높은 성공으로 이끌어준다.

바꿔 말하면 그런 사람은 자기가 처음에 꿈꾼 것보다도 더 큰 성공에 도달하기 위해 그만큼 실패를 하는 것이다. 따라서 그런 사람의 인생이 실패로 끝나는 경우는 절대 없다. 자잘한 실패야 얼마든지 있을 것이다. 하지만 그것은 인생을 보다 강하고 보다 완벽한 것으로 만들기 위한 디딤돌이다.

진정으로 고매한 용기

여기에서 내가 말하는 용기는 전쟁터에서 용감하게 싸울 수 있게 하는 용기와는 다른 것이다. 그런 것은 말하자면 동물적인 용기로 야수를 만났을 때에는 확실히 도움이 될지 모른다. 하지만 그런 용기는 인생의 전쟁터에서는 아무런 도움도 되지 않고, 마음속의 야수를 만나면 오히려 위축되고 만다.

인생의 역경이나 어려움 속에서는 전쟁터에서와 다른 수준 높은, 보다 신성한 용기가 필요하다. 사람이 역경이나 어려움 속에서 찾게 되는 것은 타인이 아닌, 자신의 자아를 굴복시키기 위한 용기이기 때문이다. 이것이야말로 진정한 용기이고 그러기 위해서는 진정한 신앙이 반드시 필요하다.

하지만 많은 사람들이 신앙과 혼동하고 있는 종교적 신념은 주로 습관에 의해 형성된 단순한 '관념적 신념'이며, 대부분 아무런 도움도 되지 못한다. 이런 종류의 신념은 말하자면 의견과 주장에 지나지 않고, 신앙처럼 취급하는 경우가 있지만 결코 신앙은 아니다.

때로는 특정한 종교에 집요하게 집착하는 사람들이야말로 가장 얕은 신앙의 소유자들이 아닌가 하는 생각마저 들 때가 있다. 왜냐하면 그런 사람들 대다수가 아주 사소한 문제에 직면하기만 해도 금세 실망과 슬픔에 몸을 맡겨버리는 경향이 있기 때문이다.

만일 누군가가 인생의 불운한 일들에 심란해하고 불안이나 초조, 절망을 느끼고 있다면 그 사람에게는 이렇게 가르쳐줘야 한다.

"당신이 어떤 종교나 철학을 갖고 있을지는 몰라도 확실히 신앙은 없다. 왜냐하면 신앙이 존재하는 곳에는 용기가, 강함이, 침착함이, 불굴의 정신이 항상 존재하기 때문이다."

죄에 무감각한 사람은, 그들이 교회에 빈번하게 드나들면서 하나님을 믿고 있다고 아무리 강조하려 해도, 선을 믿고 있지 않은 사람이다. 선량한 사람은 아무리 종교와 인연이 없더라도 선을 믿고 있는 사람이다. 불평을 말하는 사람, 불운을 한탄하고 슬퍼하는 사람도 선을 믿지 않고 신앙이 결여된 사람이다. 선의 힘을 부정하거나 경시하는 사람은 죄의 힘을 찬양하고 그것을 추앙하는 사람이며, '불신자'란 이런 사람을 위해 존재하는 말이다.

진정한 신앙을 가짐으로써 사람은 참된 용기를 얻게 된다. 이 용기는 절망이나 인생의 어려움을 쉽게 물리치고, 어떠한 패배도 승리를 향한 걸음으로 바꿔버린다. 진정한 신앙을 가진 사람은 끈기와 인내를 갖추고, 싸우지 않으며 모든 일에서 자비로운 법칙을 발견하고 신성한 힘의 최종적인 승리를 항상 확신하고 있는 사람이다.

마음속에 신앙의 램프를 켜라. 이 아름다운 빛으로 어둠 속에서 용기를 갖고 나아가라. 이것은 처음에 아주 엷은 빛으로 찬란하게 빛나는 지식의 빛과는 비교도 안 될 정도로 어두울지 모르지만, 당신이 의심의 안개나 절망의 어둠 속에서 나아가기에는 충분한 빛이다.

결국 당신은 마음의 정글 속 어두운 오솔길을 빠져나와 광대하고 평안한 평원에 도달할 것이다. 이 평원은 더 이상 신앙의 빛이 필요치 않은 곳이다. 왜냐하면 여기에 도달한다는 것은 의심, 잘못, 슬픔 등 모든 악의 요소들을 초월한, 새롭고 보다 수준 높은 의식 속에 진입하는 것을 의미하기 때문이다.

이때부터 인간은 지식의 찬란한 빛 아래서 충만하고 평화로운 인생을 걷기 시작한다.

02

강함과 부드러움 그리고 성실함

인생의 승리자가 되기 위해서는 높은 정신을 가져야 한다. 단, 그것은 만들어낸 웃음이나 남에게 보이기 위한 선의, 아부와는 거리가 먼 것이다. 이런 것들은 아무런 쓸모가 없으므로 남김없이 버려야 한다.

높은 정신을 구성하는 부드러움, 맑음, 배려, 인내를 약함의 상징으로 이해하고 있는 사람들이 있는데 이 또한 잘못이다. 이런 신성한 요소는 강함의 표현이며, 마음이 강한 사람들만 이것들을 지닐 수 있다.

그리고 이 강함에 주의를 기울여야 하는 것이 있는데 바로, 정상적인 사람이라면 누구나 갖고 있는 동물성이다. 이것은 방치해두면 무분별한 감정 에너지가 당신의 내면에서 분출되어 인간으로서의 위엄과 명예를 실추시킬 수 있다. 그러나 이것도 일단 컨트롤되어 올바른 길로 인도되면 인생의 승리에 필요한 신성한 강함을 당신에게 가져다주는 역할을 하게 된다.

당신의 내면에 사는 이 거친 동물은 당신이 채찍질하고 길들여야 한다. 당신은 당신 감정의 통치자가 되어야만 한다. 사람이 나약하고 굴욕적인 상태에 있는 것은 자신의 내면에 사는 이 거친 동물에 통치권을 양도했을 때뿐이다.

당신의 감정은 당신의 하인이며 노예여야 한다. 만일 당신이 감정을 확실히 제어하고 명령을 내릴 수 있다면 감정은 항상 당신에게 충실한 봉사를 해줄 것이다.

당신은 사악하지 않다. 당신의 마음에도 육체에도 사악한 부분은 전혀 없다. 자연은 결코 실수를 하지 않는 법이다.

진정으로 성숙한 사람

당신이 가진 훌륭한 모든 기능, 모든 능력, 모든 힘들을 올바르게 이끄는 것은 지혜이며 신성한 행위고 행복으로 이어지는 지름길이다. 그러나 이것들을 잘못 이끄는 것은 어리석음이고 죄이며 불행해지는 첩경이 된다.

많은 사람들이 화를 내고 타인을 싫어하고 폭음과 폭식에 빠져 무분별한 즐거움을 추구하다가 결국에는 인생을 탓하면서 자신을 무자비하게 허비한다. 인생을 만들어가는 건 자신이다. 인생을 탓하기 전에 자신을 책망하는 것이 이치에 맞다.

사람은 자신에게 좀더 경의를 가질 필요가 있다. 자신이 갖고 있는 모든 것들을 좀더 지혜롭게 사용할 줄 알아야 한다. 스스로를 컨트롤하여 과도하게 흥분하거나 지나치게 서두르지 않도록 경계해야 한다. 화에 몸을 맡기거나 타인의 행동이나 의견을 비난하고 싸우길 좋아하는 공격자와 무익한 논쟁을 하기에는, 사람은 무척이나 고귀한 존재다.

부드럽고 신중하며 조용한 위엄이야말로 성숙한 사람의 첫 번째 표지이다. 타인을 칭송하고 자신을 소중히 여겨야 한다. 타인과의 무익한 충돌을 피하면서도 스스로의 길을 선택해 기죽지 않고 당당하게 걸어가야 한다.

진정으로 성숙한 사람 속에는 '더없는 부드러움과 흔들리지 않는 강함'이라는, 얼핏 보기에는 상반되는 두 요소가 섞여 조화를 이루고 있다. 진정으로 성숙한 사람은 자신의 신념을 어느 것 하나 희생시키지 않고 스스로를 타인에게 부드럽게 순응시킬 수 있는 사람이다.

스스로의 양심이 이끄는 대로 신성에 순종해야 한다. 그리고 동행하고 있는 주위 사람들에게 경의를 표해야 한다. 설령 그들의 양심이 그들을 당신과는 다른 길로 인도한다 하더라도 당신만은 항상 그렇게 해야 한다.

우리가 범할 수 있는 가장 비인간적인 행위 중 하나는 자신과 다른 의견이나 신념을 가졌다는 이유로 타인을 불쌍히 여기는 것이다. 무신론자라고 해서, 불교신자라고 해서, 혹은 크리스천이라는 이유로 특정한 사람을 왜 불쌍히 여겨야 하는가? 자신과는 다른 의견이나 신념을 갖고 있기 때문에? 사실 그런 종류의 측은지심은 그들에게 모욕을 주는 행위다.

측은지심은 약자나 고통받는 사람들을 위하는 마음이지만 "나는 당신을 불쌍히 여기고 있다"라고 말로 표현되어서는 안 된다. 측은함이란 친절한 행동을 통해서만 표현되어야 한다.

스스로의 길을 선택하고 당당하게 걸어가고 있는 강하고 독립적인 사람을 불쌍히 여기는 것은 더없이 거만한 일이다. 그들이 나나 당신과 같은 의견을 가져야 할 이유는 어디에도 없다.

자존심을 갖고 스스로 판단하며 살아가고 있는 사람을 만나거든 비록 자신과 의견이나 신념이 다르더라도 그 사람에 대해서 진심으로 경의를 갖고, 모욕적인 측은함 같은 것은 절대로 표현하지 말아야 한다. 나는 그러리라고 마음속으로 맹세하고 있다.

자기 통치의 길

아주 많은 사람들이 나약함 속에서 눈물을 흘리고 고통과 타락 속에서 비명을 지르고 있다. 이런 상황에서 벗어나기 위한 방법을 알지 못하기 때문이다. 그렇다. 승리자로서 살아가기 시작하는 방법은 아주 간단하다. 스스로의 통치자가 되기만 하면 된다.

마음의 나약함을 없애야 한다. 이기적인 괘씸한 악마를 쫓아내는 것이다. 이 악마가 바로 모든 나약함과 불행의 근원이다. 도를 넘는 욕망이나 부당한 갈망, 불건전한 자기애나 자기를 측은히 여기는 마음에 몸을 맡기지 말아야 한다. 그런 것들이 설 곳을 주지 마라. 그것들을 냉정하게 바로 쫓아내야 한다.

스스로를 항상 자신의 손바닥 위에 올려놓아야 한다. 자신이 가진 것을 이용하는 사람이 되어야지 그것에 이용당해서는 안 된다. 우리는 어떤 상황에서도 사치품의 포로가 되거나 욕망의 노예가 되지 말아야 하며, 스스로를 확실히 통치하는 사람이어야 한다.

자기 통치의 길은 어떤 의미에서는 복종의 길이기도 하다. 우리가 인생의 승리자가 되기 위해서는 자신의 존재를 고귀하게 하는 법칙을 신뢰하고 그것에 충성을 맹세해야 한다. 법칙에 대한 거역은 사람이 범할 수 있는 가장 나쁜 악행이며 죄이고, 모든 슬픔의 근원이다.

만일 당신이 법칙에 거슬러 승리를 거둘 수 있을 거라고 생각한다면 그것은 무지에서 나오는 착각이며, 자신의 힘을 스스로 파괴해버리는 것과 같은 어리석은 행위다.

자신의 무지, 죄, 이기적인 행동에 대해 승리를 거두고 자신을 통치함으로써 우리는 강한 마음과 신성한 힘을 가질 수 있게 된다. 그러기 위해서는 우선, 아버지에게 순종하는 어린아이같이,

자신의 존재를 가능케 하는 법칙을 믿고 그것에 순종하려고 노력해야 한다.

우리는 자신의 모든 기능과 능력을, 순종을 표현하기 위한 도구로써 현명하게 이용할 수가 있다. 우리가 뿌리 뽑지 못할 악습은 하나도 없다. 없앨 수 없는 죄나, 극복할 수 없는 슬픔은 하나도 없다.

강함은 부드러움과 양립할 뿐만 아니라 부드러움에 의해 구축되는 것이기도 하다. 사람은 타인을 제 뜻에 복종시키려 할 때 오만해지고 이기적이 된다. 그러나 자신은 아무리 복종시키더라도 지나침이 없다. 자아의 폭주에 제동을 걸고 타인을 배려하려는 마음을 가지면 누구나 자신의 마음을 강화시킬 수 있다.

우리는 또한 어느 순간이든 성실해야 한다. 속이는 일은 더없이 어리석은 행위다. 위선은 이 세상에서 가장 실속 없는 행위다. 타인을 속이는 것은 자신에게 상처를 입히고 자신을 모욕하는 일이다. 인간은 교활함, 야비함, 기만에서 해방될 때 비로소 치욕이나 혼란에서 해방되고 당혹감이나 불안이 사라져, 누구든 상대의 눈을 똑바로 바라볼 수 있게 된다.

성실함에 의해 빛나는 인생

이 세상에는 자신이 위선자라는 사실을 깨닫지 못한 채 자신의 불성실함 때문에 자기가 가진 행복과 인간성을 파괴하는 사람들이 의외로 많다. 그들 중에는 매일같이 교회나 절에 가서 보다 선한 마음과 인생을 구하며 진지하게 기도를 드리는 사람도 적지 않다. 그러나 그런 후에 그들은 금세 무리지어 상대를 욕하기도 하고, 웃는 얼굴로 만났던 친구들을 비웃거나 중상하기도 한다.

그런 행위의 가장 안 좋은 점은 그들이 자신의 불성실함을 깨닫지 못한다는 데 있다. 그러고도 그들은 친구들이 주위에서 멀어지면, 세상의 허무함이나 인생의 비정함을 한탄하며 "이 세상에 진정한 친구는 하나도 없다"고 말한다.

실제로 그런 사람들에게 영원한 우정이란 멀고도 먼 꿈이다. 왜냐하면 불성실함은 비록 표현하지 않더라도, 확실히 느껴지는 법이기 때문이다. 성실하지 않은 사람이 타인에게 성실을 요구해도 그건 헛수고다.

타인이 성실하길 바란다면 우선 자신이 성실해야 한다. 적에 대해서도 따뜻한 마음을 잊지 말아야 한다. 그 자리에 없는 친구를 지켜주어야 한다. 만일 당신이 지금 타인의 성실을 느낄 수 없다면 왜 그렇게 되었는지 스스로의 내면에서 찾아야 한다.

성실함은 유교의 '5대 장점' 중 하나며, 공자는 이에 대해 이렇게 말하고 있다. "성실함에 의해 인생은 빛난다. 이것 없이는 가장 선한 행위도 가치를 잃고, 장점으로 보이는 것들도 단순한 위선이며……."

성실한 사람은 세상에 알려져서 부끄러워할 만한 일을 입에 담거나 행하지도 않는다. 성실한 사람은 어떤 곳을 가더라도 항상 가슴을 펴고 자신감이 넘친다. 성실한 사람이 하는 말은 항상 당당하고 힘이 넘친다. 왜냐하면 그들은 항상 정직하게 말할 수 있기 때문이다.

성실한 사람이 행하는 것은 모두 성공할 운명에 놓여 있다. 성실한 사람이 주위 사람들의 귀를 즐겁게 해주지는 못해도 그들에게서 신용과 신뢰, 칭찬을 얻기 때문이다.

용기, 자립심, 성실, 넓은 마음 그리고 부드러움이 인간의 진정한 강함을 이루는 다섯 가지 장점이다. 이것들을 갖지 못할 때, 사람은 무한한 자유와 기쁨을 알지 못하고 환경이 주어지는 대로 살아가는 단순한 흙 같은 존재에 지나지 않는다.

모든 젊은이들이 이 장점들을 키우고 강화해야 한다. 그리고 만일 이 장점들과 함께 인생을 살아갈 수 있다면 그들은 틀림없이 인생에서 위대한 승리를 얻게 될 것이다.

나는 지금 이 지구상에 어떤 새로운 영혼의 집단―강하고 올바르고 고매한 영혼들의 집단―이 오고 있는 것을 강하게 느끼고 있다. 화, 추악함, 분쟁, 미움 같은 것 앞에 꿇어 엎드리기에는 무척이나 현명하고, 험담을 하거나 중상을 하거나 속이기에는 무척이나 부드럽고 성실하고 순수한 영혼들의 집단이다.

이들에 의해 죄나 슬픔은 점차 모습을 감추고 결국 세상의 완전한 재구성이 이루어질 것이다. 인간의 위엄이 부활하고 법칙의 정당함이 증명되고, 세상은 다시 사랑과 행복, 그리고 평화로 넘치게 될 것이다.

이 세상은 결국 죄와 슬픔을 완벽하게 극복한 사람들로 넘쳐나게 될 것이다.

03

에너지와 파워

이 우주를 구성하고 있는 에너지는 얼마나 훌륭한가. 이것은 결코 지치는 법이 없고 전혀 소모되지도 않으며 영원히 존재하면서 작은 원자 속에서도 그리고 천체 속에서도 지속적으로 활발하게 활동하고 있다.

사람은 이 창조적인 에너지의 일부다. 이 에너지는 우리의 마음에 갖춰진 능력을 통해서 감정, 지성, 도덕성, 이성, 이해 그리고 지혜로 그 모습을 드러내고 있다. 우리는 이 에너지를 그저 무턱대고 소비하는 눈먼 맹인이 아니라 이것을 의식적으로 현명하게 유도하고 사용하는 사람으로 여기에 있다.

우주 안에서 사람의 진정한 위치는 왕이지 노예가 아니다. 우리는 악의 통치를 받기 위해서가 아니라, 신성한 법칙하에 통치자로 살아가기 위해 여기에 있는 것이다. 우리 육체와 마음이 우리가 통치해야 할 두 영지다. 우리는 자신의 통치자로서 내부에 흐르고 있는 창조적인 에너지를 현명하게 컨트롤하고 사용하기 위해 태어났다.

이 세상을 부끄럼 없이 힘차고 당당하게 그리고 침착하고 부드럽게 걸어가자. 굴욕과 함께 죄 앞에 꿇어 엎드리는 행위는 이제 그만두자. 사람으로서 위엄을 갖고 가슴을 펴고 걷자. 제멋대로인 생각이나 후회 속에서 비굴하게 자비와 용서를 구하기를 그만두고, 고매한 위엄을 갖고 등을 쫙 펴고 똑바로 서서 큰 자유를 맛보자.

사람은 굉장히 강한 존재

인간은 지금까지 자신을 열등하고 약하고 가치 없는 존재로 평가하고 그런 상태에 만족해왔다. 그러나 지금 시작된 새로운 시대는, 우리가 맑고 힘차고 고귀한 존재라는 사실을 증명할 것을 강하게 요구하고 있다.

우리가 일어서서 싸워야 할 상대는 외부의 적이 아니다. 이웃도 아니고 정부도 아니고 어떤 나라나 법률도 아니다. 우리의 적은, 마음이라는 우리 자신의 영역 안에서 우리를 괴롭혀온 무지와 어리석음이다. 사람은 자신의 무지와 어리석음에 의해 자신을 노예처럼 살아가도록 강요할 수도 있고, 자신의 지식과 지혜로 자신에게 왕으로서의 지위를 되찾아줄 수도 있다.

"사람이란 나약한 생물이다"라고 말하고 싶어 하는 사람들은 그냥 그렇게 말하도록 내버려두자. 그러나 나는 "사람이란 강한 존재다"라고 계속 주장할 것이다.

나는 진리를 따라 살아가고자 하는 사람들을 위해 이 책을 쓰고 있다. 진리란, 법칙의 또 다른 표현으로서 사람에게 진실로 원하고 있는 것이다. 나는 지금 추한 욕망이나 이기적인 갈망, 비열한 생각들을 의욕적으로 버리고자 하는 사람들을 위해 이 책을 쓰고 있다. 원래 인생의 승리는 배려를 모르는 사려 깊지 못한 사람들, 신성한 에너지를 낭비하며 흥청망청 노는 사람들을 위한 것이 아니다.

사람은 무척 강한 존재다. 만일 그렇지 않다면 법칙에 반해 살아가기란 도저히 불가능하기 때문이다. 결국 많은 사람들이 인생 속에서 드러내 보이는 약함은 사실은 그들의 강함을 증명하는 것이나 마찬가지다.

잘못을 되풀이하고 있는 사람은 사실 약한 사람이 아니라 강한 사람이다. 이런 사람은 단지 무지하기 때문에 자신의 강함을 잘못된 방향으로 이끌고 있는 것이다. 다시 말해, 법칙을 적대시하는 형태로 이용하고 있는 것뿐이다. 고통은 잘못된 방향으로 이끌린 강함의 반동이다.

아무리 악한 사람도 자신의 행동을 바꾸면 선한 사람이 된다.

만일 당신이 자신의 잘못을 후회하고 있다면 올바른 행동 안에 자신을 두면 된다. 그렇게 하는 것만으로 약함이 강함으로, 나약함이 힘으로, 고통이 행복으로 모습을 바꾼다. 악의 길로 흘러가던 자신의 에너지를 선의 길로 이끌면 죄인도 성자로 변신할 수 있다.

절대적인 우주의 법칙

이 우주를 이루고 있는 에너지는 무한하다. 그러나 사람이 한 번에 사용할 수 있는 양은 정해져 있다. 사람은 의미 있는 것을 이루기 위해서 이 에너지를 집중적으로 사용할 수도 있고, 낭비하며 허송세월을 보낼 수도 있다.

에너지가 집중되면 파워가 된다. 자신의 에너지를 하나의 큰 목표에 집중시키고, 이기적인 욕망을 희생하며 강한 인내심을 갖고 노력하고, 타당한 기대를 갖고 그 목표가 성취될 것을 계속 기다리는 사람은 강한 파워를 가진 사람이다.

어리석고 약한 사람이란 눈앞에 있는 즐거움에 정신이 팔려 그때그때 욕구를 채우려고 충동적으로 살아가는 사람, 그리고 이 때문에 자신도 모르는 사이에 고통과 나약함 속에 놓여 있는 사람이다.

특정한 방향으로 이끌린 에너지는 다른 방향에서는 쓰일 수가 없다. 이것은 마음과 물질 양쪽에 작용하는, 절대적인 우주의 법칙이다. 미국의 시인이자 사상가인 에머슨은 이것을 '배상(賠償)의 법칙'이라 이름 지었다. 일방에서의 획득은 그 반대 방향에서의 상실을 의미한다. 우주는 항상 균형을 잡으려 하고 있다.

무의미한 에너지 소비는 의미 있는 활동에 필요한 에너지의 감소를 의미한다. 따라서 이기적인 욕망에 몸을 맡기고 있는 사람은 인생에서 승리를 얻을 수 있는 사람이 아니다.

이 배상의 법칙은 마음의 영역에서는 희생의 법칙이라고 불린다. 의미 있는 무언가를 달성하기 위해서는 특정한 욕망을 희생하지 않으면 안 된다. 만일 맑음을 획득하고 싶다면 이기적인 쾌락을 희생해야 한다. 사랑을 획득하고 싶다면 미움을 몰아내야 한다. 장점을 늘리고 싶다면 단점을 줄여야만 한다.

인생에서 승리하겠다고 강하게 결의한 사람들에게는 이기적인 욕구나 찰나적인 쾌락, 이외에 인생의 승리에 공헌할 것 같지 않은 모든 것이 희생 대상이다.

그들은 자신에게 주어진 시간과 에너지가 한정되어 있다는 사실을 확실히 알고 있으며, 시간을 효율적으로 활용하고 에너지를 집중적으로 이용해야 함을 항상 염두에 두고 있다.

반면에 어리석은 사람들은 천박한 쾌락에 몸을 맡기고 순간적인 즐거움이나 잡담에 흥겨워하거나, 미움을 품거나, 감정을 폭발시키거나 무의미한 논쟁이나 쓸데없는 참견을 하느라 자신의 에너지를 심하게 낭비하고 있다.

그들은 또한, 큰 희생을 치르면서 에너지를 의미 있게 사용한 결과로 훌륭한 인생을 살게 된 사람들을 부러워하며 "저 녀석들은 얼마나 운이 좋은가" 하고 한탄하느라 또 에너지를 낭비한다.

인생의 승리자가 되겠다는 결의

바르고 성실하게 자신이 해야 할 일들을 해나가는 사람을 세상은 부드럽게 감싸 안는다.

자신의 모든 능력을 발휘하고 모든 에너지를 집중해 자기가 해야 할 일들을 해나가야 한다. 타인을 부러워하거나 비방하거나 타인이 하는 일에 참견하느라 옆길로 새지 말아야 한다. 당신은 머지않아 인생은 아주 단순하고 생기 넘치고 멋있고 행복하다는 점을 깨달을 것이다.

이 우주는 선(善)과 강함으로 넘치고 있다. 또한 우주는 선과 강함을 보호하고 있기도 하다. 반면 악과 약함은 우주의 보호를 받지 못하고 스스로 붕괴될 운명에 놓여 있다. 따라서 마음의 통치권을 악에 부여하는 것은 우주의 보호를 포기하는 일이나 마찬가지다.

무엇보다 우선 내면의 고상한 요소들에 에너지를 쏟아야 한다. 이렇게 해서 강해져야 한다. 강함이 바로 승리의 토대다.

그리고 인생의 승리자가 되겠다는 결의를 확실히 굳혀야 한다. 이번 인생 중에 달성하겠다는 각오로 크고 가치 있는 목표를 확실히 정하자. 명확한 목표가 없는 인생은 대해(大海)를 표류하는 작은 배와 같다.

매일 하는 행동 하나하나가 인생의 목표를 향하도록 하는 것이다. 당신의 행동은 때와 장소에 따라서 다른 여러 형태로 나타날 것이다. 하지만 당신이 마음의 목표를 잃지 않는 한, 그 행동들이 잘못을 범하는 일은 없을 것이다.

때로는 좌절을 맛보기도 하고 옆길로 새는 일도 당연히 있을 것이다. 그러나 올바르게 설정된 마음의 나침반에 따라 자신을 이끌면, 곧바로 당신은 자신을 다시 일으켜 세워 그것을 기회로 보다 현명하고 보다 강한 사람으로 성장하게 될 것이다.

항상 자신의 양심에 따라야 한다. 자신의 신념에 충실해야 한다. 주저나 동요, 불안을 일소하고, 자신이 옳다고 믿고 있는 것을 해야 할 순간에 재빨리 실행해야 한다.

신성한 강함과 함께

자신이 해야 할 일을 하기 위해 면밀한 계획이 필요하다고 느낀다면 우선 시간을 들여 계획을 세우라. 그리고 계획이 서면 때를 놓치지 말고 그것을 재빨리 행동으로 옮겨야 한다.

당신이 세운 계획은 어쩌면 최선이 아닐지도 모른다. 그러나 그것이 지금 당신이 생각할 수 있는 최선이라면 현재 시점에서 당신이 해야 할 최고의 의무는 계획에 따라 행동하는 것이다.

만일 당신이 진심으로 앞으로 나아가길 원하고 의욕적으로 배우고자 하는 자세를 갖는다면 언젠가 틀림없이 보다 좋은 계획이 떠오를 것이다. 그때는 또다시 그 계획을 공들여 세우면 된다. 그리고 이때도 기회를 놓치지 말고 재빨리 움직여야 한다.

동시에 화나 완고함, 육욕, 탐욕을 배제해야 한다. 화를 내는 사람은 약한 사람의 전형이다. 완고한 사람은 마음이 좁고 배우려는 의욕을 갖고 있지 않기 때문에 자신이 나아가는 길을 수정할 수 없는 어리석은 사람이다. 육욕에 빠져 있는 사람은 육체의 찰나적인 기쁨을 얻기 위해 에너지를 지나치게 사용하기 때문에 가치 있는 일을 하기 위해 필요한 에너지가 항상 부족한 사람이다. 탐욕스러운 사람은 진짜 가치 있는 것이 무엇인지 알지 못하기 때문에, 천국의 행복을 맛보기 위해서가 아니라 지옥의 고뇌를 지속시키기 위해 자신의 에너지를 사용하는 불쌍한 사람이다.

당신의 강함은 당신과 함께 있다. 당신이 그것을 어떤 방향으로 인도하느냐에 따라 모든 것이 결정된다. 당신은 당신의 강함을 쇠락하기 위해서도, 상승하기 위해서도 사용할 수가 있다. 감정에 내맡기고 낭비할 수도 있는가 하면, 선의와 함께 효과적으로 이용할 수도 있다. 같은 에너지가 당신을 야수로도, 신으로도 만들 수 있는 것이다.

'나는 약한 인간이다'라는 생각은 절대로 하지 말라. 원래 약함은 강함의 또 다른 표현이다. 당신은 태어날 때부터 강한 사람이다.

자신의 에너지를 올바른 경로에 집중시켜 인도하자. 에너지가 집중되면 파워가 된다. 명확하게 설정된 고귀한 목표 달성을 갈망하고 그려보자. 애매한 바람이나 어리석은 후회는 버리자. 불평, 불만, 자기 연민과도 작별하자. 마음속의 모든 악을 일소하자.

하늘을 향해 얼굴을 들자. 마음과 인생에서 모든 추하고 약한 것을 내쫓고, 타고난 '신성한 강함'과 함께 일어서자. 우리는 원래 어리석은 노예가 아니라, 현명한 통치자로 살아가기 위해 여기 존재하는 것이다.

04

자기 컨트롤과 행복

감정의 에너지를 아무런 저항 없이 제멋대로 흐르게 할 때, 사람은 가장 약한 마음 상태가 된다. 반면 감정 에너지를 제어했다가 농축시켜, 상승으로 향하는 경로로 이끌면 사람은 강력한 파워를 얻게 된다. 자기 컨트롤이란 이런 것이다.

자기 컨트롤이란 문자 그대로 자신의 마음을 제어하는 것이다. 어떤 사람들은 이것이 자신의 '파괴적인 억제'로 이어진다고 지적하기도 하지만, 그건 잘못된 지적이다. 자기 컨트롤이란 사실 자기의 '건설적인 표현'을 가능하게 한다.

자기 컨트롤이란 자신의 약함을 강함으로, 조악함을 세련됨으로 변환시키는 더없이 의미 있는 작업이다. 단, 자신을 잘 보이기 위한 목적으로 자신의 진정한 성격을 죽이고 숨기려 하는 것은 자기 컨트롤이 아니다. 그것은 바로 세상에서 흔히 말하는 위선이라는 행위다.

자기 컨트롤이란 마음의 저급한 요소를 고급 요소로 전환하는 작업이며, 사람은 단순히 이것을 실행하기만 하면 자신의 행복은 물론이고 이 세상 전체의 행복에도 공헌하게 된다.

사람은 자기 컨트롤 수준을 높임으로써 보다 행복하고 보다 현명하고 보다 위대해진다. 반대로 이 수준을 낮춤으로써 보다 불행하고 보다 어리석고 보다 비열해진다.

자신을 컨트롤하고 있는 사람들은 자신의 인생, 환경, 그리고 운명도 컨트롤하고 있다. 그들은 어디를 가든지 항상 행복을 나르고 있으며, 행복은 한시도 그들에게서 떨어지지 않는다.

자신을 컨트롤하고 있지 않은 사람들은 자신의 감정, 환경, 그리고 운명에 의해 컨트롤당하고 있는 사람들이다. 그들은 자신의 행복을 전부 외부 환경에 의존한 채 외부에서 예상치 못한 일이 일어나면 바로 불쾌해한다.

승리에 따르는 아픔

이 우주에는 소멸해버리는 에너지는 존재하지 않는다. 에너지라는 것은 형태를 바꾸는 일은 있어도 파괴되는 경우는 없다.

이제까지 가지고 있던 나쁜 습관을 끊는 것은, 새롭고 보다 좋은 습관을 가지기 시작하는 것이다. 포기가 있어야 비로소 재생이 가능하다. 이기적인 생각이나 감정을 버리면 보다 맑고 아름다운 생각과 감정으로 재생된다. 병적인 흥분이 사라진 자리에서는 생생하고 맑은 기쁨이 솟아날 것이다.

이 변화는 물론 하룻밤에 이루어지는 것이 아니다. 아픔도 따를 것이고 결코 즐거운 체험만은 아닐지도 모른다. 자연은 성장의 대가로 노력과 인내를 요구한다. 성장 과정에서 얻게 될 모든 승리는 힘든 싸움과 아픔을 동반한다. 그러나 포기하지 않는 한 승리는 반드시 찾아오며 하나의 승리가 또 다른 승리를 가져다 줄 것이다.

마음에 깊이 뿌리내린 악을 제거하고 거기에 선을 심어 키우기 위해서는 인내와 끈기가 필요하다. 성장을 이루기 위해서는 아픔이 따르는 변화 과정을 반드시 통과해야 한다.

그리고 이 과정이 이제껏 많은 사람들이 좌절한 지점이기도 하다. 그들은 여기에서 뒷걸음질 치며 자기 컨트롤이 너무나 괴롭고 힘든 작업이라고 결론을 내리고 기존의 안이한 동물의 길로 되돌아가고 말았다. 이렇게 그들은 영원히 지속될 진정한 행복을 놓치고 인생의 승리에서 다시 한 번 멀어져갔다.

아주 많은 사람들이 이기적인 갈망이나 흥분, 쾌락, 찰나적인 기쁨 속에서 행복을 찾으려 하고 있다. 그러나 진정한 행복은 이것들 전부를 배제한 인생 속에 있다.

당신의 인생과 주변 사람들의 인생을 둘러보고, 컨트롤되지 않은 마음이 가진 '기쁨 파괴 효과'를 냉정하게 관찰해보라. 당신은 자기 컨트롤이 행복과 얼마나 밀접한 관계를 갖고 있는지 금세 깨닫게 될 것이다.

경솔한 언행이나 이에 대한 격한 반발, 거짓말, 속임수, 편견 그리고 미움 같은 것이 매일 얼마나 많은 사람들을 불행하게 하고 있는가? 당신의 인생도 돌아보길 바란다. 지금까지 자책하는 마음, 불안, 후회가 얼마나 당신의 인생을 어둡게 만들었던가?

이 모든 것들이 자기 컨트롤이 되지 않기 때문에 생겨난 것이며, 올바른 인생, 확실히 컨트롤되는 인생, 승리자의 인생 속에는 존재하지 않는 것들이다. 이들 인생 속에는 자책하는 마음이 존재하지 않는다. 잘못을 하지 않기 때문이다. 불안도 존재하지 않는다. 이기적인 욕구가 없기 때문이다. 후회도 없다. 모든 행동이 진리와 조화를 이루고 있기 때문이다.

진리는 영원히 변치 않는다

이기적인 자아가 아무리 필사적으로 매달려도 영속적인 진정한 행복은 멀어질 뿐이다. 그러나 그것은 완벽한 자기 컨트롤하에 움직이며 기다리고 있는 사람에게는 바라지 않아도 저절로 찾아온다.

미움, 인내의 결여, 탐욕, 이기적인 행동, 야심, 욕망—이기적인 자아는 이것들을 이용해서 고통의 인생을 만든다. 얼마나 조잡한 것들인가. 그리고 이것들을 이용하고 있는 사람들은 또 얼마나 무지하고 어리석은가.

사랑, 인내, 신중함, 부드러움, 절도 있는 열망, 정당한 바람—진리와 조화를 이루는 이 요소들로 만들어지는 것은 더없이 아름다운 세계다. 이들 요소는 얼마나 훌륭한가. 그리고 이것들을 이용하고 있는 사람들은 또 얼마나 현명하고 지혜로운가.

설령 이기적인 바람과 성급함으로 무언가를 획득했다 하더라도 그것은 결코 영속할 수 없으며, 뿐만 아니라 자기 컨트롤과 인내를 이용해 획득한 같은 것과 비교할 때 질적인 규모에서도 훨씬 뒤떨어진다.

자연은 결코 서두르는 법이 없다. 그녀(자연)는 적당한 계절이 되길 기다렸다가 과실을 맺게 한다. 법칙은 누구의 명령도 듣지 않는다. 그(법칙)가 말하는 진리는 영원히 변치 않으며 모두가 그것에 따라야만 한다.

사람은 주위 세계에 명령을 내릴 수 없다. 사람이 명령할 수 있는 것은 오로지 자기 자신뿐이다. 우리는 이 점을 제대로 배워야 한다. 우리는 타인의 의지를 컨트롤할 수 없다. 그러나 자신의 의지는 자유롭게 컨트롤할 수 있다.

그리고 세계는 진리를 따라 살아가는 사람에게 복종한다. 자신을 현명하게 다스리는 통치자에게는 계속해서 이끌어줄 것을 바라며 사람들이 찾아온다.

힘든 상황에 직면했을 때 자신을 컨트롤할 수 없는 사람은 타인을 이끌거나 인생을 컨트롤할 능력이 없는 사람이다. 이것은 사람들이 별로 이해하지 못하고 있지만 단순하고도 지극히 중요한 진실이다. 사람은 주위를 통치하려고 하기 전에 자신을 통치해야만 한다. 이것은 공자의 도덕적, 정치적 가르침의 기본 원칙이기도 하다.

강한 압력이 밀려오면 병적인 시의심(猜疑心)이나 미움, 거친 감정에 몸을 맡겨버리는 경향이 있는 사람들은, 무거운 책임을 맡거나 큰일을 행할 능력이 없는 사람들이며 가족이나 부하를 관리하는 지극히 당연한 임무 수행도 머지않아 실패할 운명을 가진 사람들이다. 자기 컨트롤의 결여는 어리석음을 의미한다. 어리석음이란 말할 것도 없이 지혜가 결여된 상태이다.

자신의 혼란한 마음, 방황하는 마음을 컨트롤하는 방법을 배우고 나서부터 당신은 날이 갈수록 현명함이 더해갈 것이다. '기쁨의 사원(寺院)'의 완성은 아직 먼 일이라 해도 그 기초를 다지고 벽을 쌓는 과정에서 당신은 착실히 지혜와 강함을 키워갈 것이다.

그리고 언젠가 그 사원이 완성되는 날이 올 것이다. 그때 당신은 지혜가 넘치는 숙련된 건축가로서 자신이 만든 그 아름다운 건물 속에서 평화롭게 휴식을 취하게 될 것이다. 지혜는 자기 컨트롤에 의해서만 얻을 수 있으며 그 속에는 진정한 기쁨과 평화가 있다.

어째서 사과를 먹을 수 없는가

자기 컨트롤이 잘된 인생은 허무한 상실의 인생도 아니요 단순한 황야도 아니다. 이 인생에 들어가는 과정에서 당신은 많은 것을 포기하게 될 것이다. 그러나 진리를 적대시하는 것, 이 때문에 단명하게 될 것들만 포기하게 될 것이고, 그 과정에서 당신은 진리와 조화를 이룬 영원한 것의 아름다움을 보다 명확하게 인식하게 될 것이다. 그 과정에서 기쁨이 끊어지는 일은 결코 없을 것이다. 오히려 기쁨은 점점 더 농축되어갈 것이다.

항상 새로운 흥분을 원하는 사람만큼 불쌍한 사람이 또 있을까? 자기 컨트롤을 이루고 충만하고 평온한 마음으로 매일을 살아가는 사람만큼 행복한 사람이 또 있을까?

육체적인 기쁨에만 초점을 맞추는 사람도 마찬가지라고 할 수 있다. 항상 새로운 쾌락을 추구하며 살아가고 폭식과 폭음을 일삼는 사람들이나 호색가들과, 자신의 육체적 필요를 체크하며 그것을 확실히 컨트롤하는 절도 있는 사람 중 어느 쪽이 더 많은 기쁨을 얻겠는가?

이전에 이런 일이 있었다. 내가 사과나무에서 막 딴 꿀사과를 먹자 가까이 있던 남자가 "사과를 그렇게 맛있게 먹을 수만 있다면 나는 뭐든 하겠어"라고 말하는 것이다. 나는 바로 "왜 못 먹는 데?" 하고 물었다.

그러자 그 남자는 이렇게 말했다.

"위스키를 너무 마시고 담배를 많이 피워서 탈이 났지. 제대로 맛도 즐길 수 없는 몸이 되어버렸어."

순간적인 기쁨을 추구해온 탓에 끝없이 만끽할 수 있는 기쁨을 잃고 만 사람들이 이 세상에는 이 남자 외에도 많이 있다.

자기 컨트롤은 우리에게 진정한 행복과 강함뿐만 아니라 지혜를 가져다준다. 어리석은 이기주의의 길이 닫히면, 지혜의 문이 열린다. 강화된 맑음은 강화된 지혜다. 맑은 마음은 지혜로 가득 찬 마음이다.

"자기 컨트롤이 잘된 인생이라니, 재미없고 싱거워서 그렇게는 못 살아"라고 말하는 사람이 있다. 그러나 자기 컨트롤을 잘하는 사람들은 단순히 천박한 기쁨을 포기하고 있는 것이 아니라, 그것을 즐기고 싶다는 바람까지도 완전히 버린 상태이다. 그들은 뒤를 돌아보지 않는다. 그들이 앞으로 나아갈 때마다 신선한 아름다움, 새로운 빛, 보다 장엄한 광경이 계속해서 모습을 드러낸다.

나는 자기 컨트롤이 잘된 인생 속에 있는 것들을 실제로 보고 큰 놀라움을 감추지 못한다. 그것은 진리와 조화를 이룬 인생이 갖는 무한한 다양성에 완전히 마음이 사로잡히는 체험이다. 나는 그 장엄함과 평화에서 더없는 기쁨을 느낀다.

자기 컨트롤의 길에는 승리의 기쁨이 있다. 그 길 위에서 사람은 광대한 의식과 증가하는 힘을 체험할 수 있다. 신성한 지혜라는 불멸의 부(富)를 얻을 수 있다. 인류에게 봉사할 때에만 얻을 수 있는 지극한 복을 누릴 수 있다.

당신은 단순히 그 길의 일부를 여행하는 것만으로도 강함이 증대되고 수많은 성공을 달성할 것이고, 동시에 사려 깊음이 결여된 사람들은 알지 못하는 큰 기쁨을 맛보게 될 것이다.

그 길을 다 걸었을 때, 당신은 인생의 완벽한 승리자가 될 것이다. 그때 당신은 내부의 모든 악을 이기고 승리한 사람으로서 우주 질서의 존엄함에 큰 감동을 느끼면서, 진리의 영원성을 체험하게 된다.

05

단순함과 자유

당신도 아마 너무 무거운 짐을 지고 움직일 수 없었던 적이 있을 것이다. 그리고 물론 그 짐을 내려놓았을 때 기분 좋은 해방감을 맛본 적도 있을 것이다.

이 두 가지 체험은 끝없는 욕망이나 가설, 억측과 함께 살아가는 복잡한 인생과, 타당한 바람의 달성을 목적으로 진실에만 평온하게 마음을 쓰면서 불확실한 이론이나 억측에서 해방되어 살아가는 단순하고 자유로운 인생을 상징하는 것이다.

서랍이나 선반 속은 말할 것도 없이, 온 방안을 잡동사니로 가득 채우고 사는 사람이 있다. 이 때문에 그들의 집은 청소가 제대로 되지 않아 해충의 천국이 되었다. 그러나 이들은 절대 잡동사니를 정리하려고 하지 않는다. 해충을 없애느라 갖은 고생을 다하면서도 말이다.

이들은 집에 넘쳐나고 있는 잡동사니를 보는 일이 좋은 것이다. 그것들을 갖고 있는 것 자체가 기쁨이다. 자신과 똑같은 것을 가진 사람이 없는 듯하면 이 기쁨은 더 부푼다. '조만간 쓸 일이 있을지도 모른다, 아니면 가치가 오를지도 모른다'라고 생각하기도 한다. 이것들은 또 죽은 누군가를 떠올리며 그 슬픔을 재연(再燃)시킬 수 있는 감상이라는 이름의 기쁨을 제공할 때도 있다.

그러나 말끔히 정리되어 관리되고 있는 집에는, 집주인에게 먼지와 수고, 불쾌감만을 주는 잡동사니는 쌓여 있지 않다. 비록 일시적으로는 불필요한 물건이 늘지언정, 그것을 알아챈 집주인의 현명한 판단으로 바로 수거되어 화로나 쓰레기통에 버려진다. 이렇게 해서 그 집은 다시 빛과 쾌적함, 자유를 되찾게 된다.

집이 아닌 마음에 많은 잡동사니를 채워두고 그것들에 집요하게 집착하며 살아가는 사람들도 있다. 그들의 마음속에는 지칠 줄 모르는 욕망, 부당한 기쁨을 추구하는 비열한 마음, 기적·신·천사·악마 같은 것에 대한 편의적인 신념, 복잡하고 끝도 없이 이어지는 신학적인 가설 같은 것들이 가득 차 있다. 가설 위에 가설이, 억측 위에 억측이 쌓여, 단순하고 아름다운 인생의 진실들이 그것들 밑에 묻혀버려 돌아보지도 않게 된다.

자유로운 인생이란

자유로운 인생이란 단순한 인생이다. 이것은 마음에서 이기적인 욕망이나 억측 같은 불필요한 것들이 제거되고, 거기에 영속하는 불가결한 요소들이 채워질 때 비로소 그 모습을 드러낸다.

그렇다면 이 '영속하는 불가결한 요소'란 무엇일까. 그것은 바로 진리를 구성하는 아름다운 원칙들이다. 인생은 모든 불필요한 것들에서 해방되었을 때, 더없이 단순해진다. 이때부터 인생은 몇 안 되는, 누가 보더라도 자명하고 단순하지만 실천하기 어려운 원칙들 위에 세워진다.

부처는 이것을 여덟 가지 원칙으로 집약하고, "이것들을 실천함으로써 인간은 완벽한 깨달음(지식)에 도달할 수 있다"고 가르쳤다. 그는 또 이 여덟 가지 원칙을 하나로 집약해서 '자비'라고 불렀다. 공자는 깨달음의 완성에는 다섯 가지 원칙을 실천하는 일이 필요하다고 가르치고, 이 다섯 가지를 역시 하나로 집약해서 '어질다'는 의미의 인(仁)이라 불렀다. 예수가 가르친 제1원칙은 '사랑'이었다.

'자비', '어질다', '사랑'은 본질적으로는 같은 것이다. 이들 원칙은 얼마나 단순한가. 그러나 이 원칙들의 깊이와 고매함을 완벽하게 이해하고 있는 사람을 찾기란 이 세상에서는 지극히 힘들다. 이것들을 완벽하게 이해하고 있는 사람이란 이것들을 완벽하게 실천하고 있는 사람이기 때문이다. 이런 사람은 지적인 면에서도 인격적인 면에서도 완벽하고 완전한, 그야말로 신에 가까운 존재여야 한다.

이 원칙들에 맞춰 인생을 정리하기 시작한 사람은, 금세 자신이 얼마나 많은 잡동사니를 마음속에 담아두고 있었는지를 깨닫게 된다. 이 작업은 우리에게 진정한 신앙, 끈기, 인내, 부드러움, 겸허, 이성, 강한 의지 같은 것을 요구하며, 마음이 어느 일정한 수준의 맑음과 단순함의 수준에 도달할 때까지는 굉장히 힘든 과정이 될 것이다.

그러나 노력은 반드시 보상을 받는다. 집이나 사무실이라도 내부를 정리해 깨끗하게 만드는 작업은 결코 쉬운 일이 아니다. 그러나 어떤 경우라도 마지막에는 틀림없이 큰 기쁨과 깊은 안락함을 느끼게 된다.

아무리 복잡해 보이는 상황이라도 불필요한 부분을 제거해가면 최종적으로는 그것을 존재하게 하고 조정하고 있는 간단한 원칙만 남게 될 것이다. 진정 현명한 사람들은 이 과정을 잘 알고 있으며, 이 때문에 몇 안 되는 단순한 원칙을 지키며 매일을 살아가고 있다.

예를 들어, 사랑이라는 원칙 하나만 해도 이것을 충실하게 계속 실천한다면 머지않아 완벽한 인생을 구축할 수가 있다. 사랑의 원칙이 충실히 지켜지고 있는 인생은 구석구석까지 사랑이 가득 찬 인생이며, 그 속에서는 모든 생각과 말과 행동이 사랑과 조화를 이루어 어떠한 혼란도 존재하지 않는다.

단순한 '진실'과 복잡한 '억측'

어느 박학(博學)한 남자가, 고매함과 지혜가 깊기로 유명한 불교 대사(大師)에게 물었다.

"불교에서 가르치고 있는 가장 중요한 것은 무엇입니까?"

대사는 대답했다.

"불교에서 가르치고 있는 가장 중요한 것은, 악한 일을 그만두고 선한 일을 행하라는 것입니다."

"나는 지금 세 살배기 아이도 아는 그런 걸 묻고 있는 게 아닙니다."

박학한 남자는 말했다.

"내가 당신에게서 듣고 싶은 말은 불교에서 가르치고 있는 가장 중요하고 가장 고상하고 가장 위대한 것이 무엇이냐 하는 것입니다."

"불교에서 가르치고 있는 가장 중요하고 가장 고상하고 가장 위대한 것은……."

대사가 다시 대답했다.

"악한 일을 그만두고 선한 일을 행하라는 것입니다. 과연 이것은 세 살배기 아이도 알고 있는 사실일지 모릅니다. 하지만 이것은 백발의 노인도 실천할 수 없는 것이기도 합니다."

결국, 이 박학한 남자가 알고 싶었던 것은 단순한 진실이 아니었던 것이다. 그가 알고자 했던 것은 좀더 복잡하고 신학적인 억측이었다. 억측은 억측을 낳는다. 즉, 그는 억측에 억측을 더하는 지적인 작업으로 자신을 이끌어주는 애매한 대답을 기대했던 것이다. 그리고 이 작업 속에서 자부심을 느끼고 있었던 것이다.

전에 어느 철학연구소의 연구원이 나에게 이렇게 말하며 으스댔다.

"우리의 순수철학 구조는 이 세상에서 가장 완벽하고 가장 복잡합니다."

나는 그 연구소 사람들의 철학이 얼마나 복잡한 것인가 알고 있었다. 그러나 후에 불필요한 개념이나 말을 하나하나 제거해 진실만 남기는 작업을 해보니, 그 복잡한 철학은 지극히 단순한 것이라는 사실을 깨닫게 되었다. 그 이후로 나는 내 에너지와 시간을 형이상학 같은 복잡하고 애매한 학문을 연구하는 데 쓰기보다는 진리를 구성하고 있는 단순하고 아름다운 원칙을 이해하고 그것을 실천하는 데 쓰는 편이 훨씬 유익하다는 것을 깨닫고, 지금까지 생활 속에서 확인해왔다.

여기에서 미리 양해를 구해두자면, 나는 지금 억측으로 이루어진 무의미하게 복잡한 이론이나 그것을 전개하는 데에 자부심을 느끼는 자세를 부정하고 있는 것이지, 연구나 학습 자체의 가치를 부정하는 것은 아니다.

배운다는 것은 물론 매우 중요한 일이다. 하지만 학문을 쌓아서 어떤 지식을 갖고 있다고 그것을 자부심으로 삼는 자세에는 동조할 수 없다. 지식은 자만하기 위한 것이 아니다. 지식은 쓰일 때 비로소 살아 있는 힘이 되는 것이다.

겸허한 마음을 함께 가지고 있을 때, 지식은 선한 일을 하기 위한 강력한 도구가 된다. 앞서 말한 불교 대사도, 박학한 남자에게 뒤지지 않는 수준으로 학습을 한 사람이다. 그러나 그는 박학한 남자보다도 겸허하고 현명한 사람이었다. 이 때문에 인생이 보다 단순하고 보다 자유롭다고 이해하고 있었던 것이다.

현실의 천국에 산다

진정으로 현명한 사람들은 모든 가정을 제외하고 단순한 진실에만 눈을 돌린다. 그들이 가장 먼저 마음 쓰는 것은 진리에 따라 사는 것, 즉 진리를 구성하는 아름다운 원칙들을 실천하는 것이다.

진리 위에 세워진 단순하고 자유로운 인생은 모든 부분이 온화하다. 왜냐하면 그 인생을 다스리고 있는 마음이 맑음과 강함으로 충만하기 때문이다. 이때 마음은 진리 속에서 휴식을 취한다. 폭식과 폭음, 불필요한 겉치레, 허영에 찬 말, 불성실한 행동, 쓸모없는 자부심이나 무익한 억측—이것들이 모두 사라지고, 진리의 아름다운 원칙들이 묵묵히 실천되고 있다. 일상에서의 일도, 진리의 빛 아래서 이기심을 배제한 정신과 함께 생생하게 수행되고 충실함을 더해간다.

인생을 현명하고 단순하게 걸어가는 사람들은 미래나 미지의 일, 혹은 알 수 없는 것을 생각하거나, 불안이나 공포에 빠지는 일이 절대 없다. 그들의 마음은 그들이 지금 해야 할 일, 그리고 '알고 있는 것'과 '알 수 있는 것'을 향해 있다.

이미 그들은 진실과 가설을 혼동하는 일 없이, 영원한 진실인 진리 속에서 지속적인 안락함을 찾았다. 진리는 그야말로 눈부신 빛이며 이 빛은 인생에 관한 보다 깊은 이해를 가져다주며 동시에 밝은 미래를 보증하는 신성한 약속의 상징이다.

그들은 이 사실을 알고 있으며 이 때문에 항상 평온하다. 말이 많은 이론가들이 단지 상상하고 논쟁밖에 못 하는 영원의 진리가, 이미 명확한 현실로 그들의 손안에 있다.

진리의 단순한 원칙을 실천하고 있는 마음은 그 기능을 무엇에도 방해받는 일이 없다. 이것은 강력한 파워를 갖고 있다.

인생을 진리와 함께 현명하고 단순하게 걸어가는 사람은 의심, 사기, 천박함, 실망, 한탄, 슬픔, 공포 같은 것들에서 해방되어, 자유롭고 강하고 냉정하고 평온하고 맑은 사람으로 현실의 천국에 살고 있다.

06

올바른 생각과 평온함

인생은 여러 가지 습관의 결합이다. 이들 습관 중에는 유익한 것도 있고 유해한 것도 있다. 그리고 이들 습관 모두는 마음의 자세라는 다른 타입의 습관에 의해 만들어진다. 즉, 인생은 그야말로 생각에 의해 만들어지고 있는 셈이다. 바꾸어 말하면 우리는 우리가 생각하는 대로 인생을 살아가고 있는 것이다.

현명한 사람과 어리석은 사람 사이의 가장 결정적인 차이는, 현명한 사람은 자신의 생각을 컨트롤하는 데 반해 어리석은 사람은 그것에 컨트롤당한다는 점이다. 현명한 사람이란 자신이 무엇을 어떤 식으로 생각해야 하는지 스스로 명확하게 결정할 수 있는 사람이며, 외부의 사태에 의해 자신의 생각이 잘못된 방향으로 끌려가는 일을 결코 허락지 않는다. 그러나 어리석은 사람은 외부의 사태에 자극을 받아 내면에서 빈번히 폭군 같은 생각이 일고, 이 '잘못된 생각'에 지배당한 채 충동이나 변덕, 격한 감정 같은 무력한 도구를 가지고 고통에 찬 인생을 걸어간다. 일반적으로 '얕은 생각'이라 불리는 부주의하고 변변치 못한 생각도 '잘못된 생각'의 친구이며, 잘못된 행실, 실패, 그리고 불행을 낳는 부모이다.

이런 생각들의 폐해는 아무리 기도를 하거나 어떠한 종교적 의식에 참여해도, 혹은 어떤 자선사업에 참가한다 해도 절대 없어지지 않는다. 이것을 없앨 수 있는 것은 '올바른 마음'뿐이다. 마음에 평온함과 평화를 가져다줄 수 있는 것은 사람이나 사물에 대한 마음의 올바른 자세뿐이다.

평온함으로 충만한 인생의 완벽한 승리는 마음을 진리에 조화시킨 사람에게만 찾아온다. 만일 당신이 인생의 완벽한 승리자가 되고 싶다면 단순히 상냥하기만 해서는 안 된다. 당신의 상냥함은 절대 변하지 않는 상냥함이어야 한다. 미움이나 낙담 때문에 빈번히 중단되는 그런 것이어서는 안 된다. 당신의 사랑도, 불쾌한 환경 속에서도 결코 변하지 않는 빛을 발해야만 한다.

운명이 주는 충격이나 주위 사람들에게서 받는 비난에 의해 고귀한 왕좌에서 쫓겨나는 일이 없어야 한다. 진리를 당신의 거처로 삼으라. 이것을 회오리바람이나 폭풍에서 당신을 지켜줄 피난처로 삼으라.

인생에 관한 진실을 안다

고귀함은 감정적인 면뿐만 아니라, 지적인 면에서도 반드시 필요하다. 지적인 면에서 고귀함이 갖춰지지 않으면 감정적인 면에서의 고귀함은 존속할 수 없다. 지성도 감정과 마찬가지로 방치해두면 잘못을 저지르는 경향이 있다. 과도한 정욕이 감정의 폭동인 것과 마찬가지로 애매한 억측은 지성의 폭동이다.

지성은 고귀한 원칙들을 명확하게 지각할 수 있어야 한다. 애매한 억측을 하느라 지성의 에너지를 낭비할 것이 아니라, 진실을 알기 위해 활용해야 한다. 당신은 자신의 마음속에서 현실과 공상을 명확하게 구별할 수 있어야 한다. 자신이 실제로 얼마나 알고 있는가를 정확히 파악해야만 한다.

당신은, 인생에 관해 자신이 무엇을 알고 있는가를 확실히 알 필요가 있다. 동시에 자신이 무엇을 모르는지도 알아야 한다. 인생에 관한 진실을 자신이 얼마나 알고 있는가를 알기 위해서는 논리보다도 논리적이 되어야 한다. 타인의 논리가 가진 허점을 거침없이 지적하는 심술궂은 논리학자보다도 더 엄격한 눈으로, 자신의 마음속을 관찰해야 한다.

이 작업을 아주 약간만 해도 당신은, 자신이 인생에 관한 진실을 얼마나 모르고 있는지를 깨닫고 놀라게 될 것이다. 그러나 당신은 자신이 그 지식을 갖고 있다는 사실에 기뻐해야 한다. 왜냐하면 그것은 아무리 적은 양이라도, 순수한 황금이기 때문이다.

두세 알갱이의 황금이 들어 있는 몇 톤이나 되는 광석을 갖고 있는 것과, 그 황금만 캐내고 광석의 나머지 부분을 버리는 것 중 어느 쪽이 좋을까. 당연히 후자다. 황금은 광석 속에 숨어 있어서는 황금의 역할을 제대로 할 수 없기 때문이다.

광부가 대량의 흙 속에서 빛나는 다이아몬드를 발견하는 것처럼, 현명한 사고를 하는 사람은 자신의 마음에 축적된 의견, 상상, 억측, 가정을 털어내고 자신이 정말로 알고 있는 인생, 즉 지혜의 근원에 관한 진실을 발견한다.

이 분별하는 작업을 통해서 자신이 알고 있는 진실을 발견한 사람은 머지않아 이것이 진리와 완벽한 조화를 이루는 것이라는 사실을 깨닫게 된다. 이 작업을 통해서 소크라테스는 진리를 발견했다. 과거의 위대한 스승들이 남긴 신성한 경구는 전부 진리를 말한 것이다.

이 작업은 자신에 대한 엄격함과 주의 깊은 관찰만 잊지 않는다면 그다지 어려운 일은 아니다. 왜냐하면 우리가 행하는 것은 우리가 정말로 알고 있는 것이며, 우리가 행하지 않는 것은 우리가 정말로 모르는 것이기 때문이다.

잘못된 생각을 이리저리하는 사람들

아주 많은 사람들이 사랑을 말하거나 그것에 관한 논문을 쓰고 있다. 그러나 만일 그들이 자신의 가족에게 못되게 군다든지 자신을 적대시하는 사람들을 미워한다면, 그들은 도대체 사랑에 관한 어떤 지식을 가졌다고 할 수 있을까?

인생에 관한 진정한 지식을 갖고 있는 사람의 마음에는, 머리만 거대한 이론가들이 과시하며 하는 말들을 한순간에 부끄럽게 만들 만한 평온함과 깊은 배려가 있다. 평화의 소중함을 정말로 알고 있는 사람은 자신의 마음을 미움에서 해방시키고 모든 사람들과 평화로운 관계를 맺는다.

잘못된 생각을 이리저리하는 사람들은 그들의 잘못된 행실을 통해 그것을 드러낸다. 올바른 생각을 하는 사람들은 그들의 바른 행실을 통해 그것을 드러낸다.

잘못된 생각을 하는 사람들의 마음은 괴로움과 불안으로 가득 차 있다. 그들을 상처 입히거나 모욕하거나 창피를 주거나 파멸시키는 힘을 갖는 것은 그들 자신뿐이라는 사실을 알지 못하기 때문이다.

그들은 맑음을 지키는 것에 대한 중요성을 전혀 모른 채, 이기적인 자아를 지키는 데에만 급급하다. 그리고 이 때문에 의심, 악의, 미움, 보복 같은 것들 속에서 평안함을 구하고, 자신의 추악한 불에 타고 있다.

그들은 누가 때리면 배로 때려 갚아준다. 비난을 받으면 배로 비난해 갚아준다. 누가 공격해오면 배로 공격해 갚아준다. "나는 부당한 취급을 받았다!"라고 외치며 자신을 미움과 고뇌 속에

내던진다.

잘못된 생각을 하는 사람들은 사물의 본질을 간파하는 힘이 둔하기 때문에 자신의 마음속에 존재하는 선과 악을 식별하는 능력을 갖고 있지 못하다. 그래서 그들은, 타인의 잘못된 생각이 아니라 바로 그들 자신의 잘못된 생각 때문에 고뇌한다는 사실을 알지 못한다.

왜 나쁜 일이 일어나는가

한편, 항상 올바른 생각을 하는 사람들은 이기적인 자아를 버린 사람들이며 당연히 그것을 지키려 할 필요가 없다. 그들은 사람에게 나쁜 일이 일어나는 것은 내면에 악이 있기 때문이라는 사실을 명확하게 알고 있다.

그리고 이미 그들에게는 나쁜 일이 전혀 일어나지 않는다. 아무리 안 좋은 일처럼 보여도 그것에 침착하게 대처함으로써, 악을 제거했다는 사실을 자신의 내면에 스스로 증명할 수 있는 기회가 된다. 말하자면 그들에게는 결국 그것이 기뻐할 만한 기회가 되는 것이다. 타인의 어떠한 행위도 그들을 괴롭히거나 불안하게 만들 수 없다. '이 남자가 나에게 나쁜 짓을 했다'라는 식의 생각은 그들과 인연이 없다.

항상 올바른 생각을 하는 사람들은 자신에게 평온함을 가져다줄 수 있는 것도, 자신에게서 평온함을 빼앗아갈 수 있는 것도 자신밖에 없다는 사실을 알고 있다. 그들이 지켜야 할 것은 자신의 맑음이고, 보복 같은 것은 그들과 가장 인연이 먼 것이다. 그들은 항상 평화를 느끼며 그들의 마음에는 어떠한 미움도 들어오지 못한다. 맑음이 있는 곳은 강함과 평화가 있는 곳이기도 하다.

항상 올바른 생각을 하는 사람들은 주위 사람들이나 사물에 대한 올바른 마음의 자세를 익힌 사람들이다. 올바른 마음의 자세는 더없이 쾌적하고 지속적인, 깊은 평온함의 원천이다.

이것을 체념 혹은 무관심한 자세라고 말하는 사람도 있는데, 절대 그렇지 않다. 이것이야말로 지혜다. 이것은 주의 깊고 예리한 관찰을 통해서 비로소 체득되고 지켜지는 것이며, 무관심과는 가장 거리가 멀다.

올바른 마음의 자세를 가진 사람들은 인생에 관한 진실을 명확히 알고 있으며, 이 때문에 모든 사물에 억측을 더하는 것이 아니라 있는 그대로 본다. 그러나 이들은 결코 무관심한 것이 아니다. 이들은 인생에서 발생하는 모든 사물을 '인과의 법칙'의 관점에서 흥미롭게 관찰하고 있다.

그러나 이들은 쓸모없는 논쟁이나 싸움에 말려드는 일이 결코 없다. 일부 사람들에게 특별한 호의를 갖는 일이 그들에게는 불가능하기 때문이다. 이들의 배려는 항상 모든 사람을 향해 있다.

이들은 이 우주가 정의에 의해 지배된다는 사실을 알고 있다. 이 우주 안에는 사회적 차원에서도 개인적 차원에서도, 최후에는 선이 반드시 승리를 거두게 되어 있다는 사실을 알고 있는 것이다.

인생에서 눈부신 성공을 이루기 위해

우리는 올바르게 생각하고 올바르게 살아가려 노력함으로써 '정의의 법칙'을 알게 된다. 우리는 사랑을 실천하려 노력함으로써 '영원한 사랑'을 알게 된다. 선은 결코 패배하지 않는다. 정의가 옆으로 밀리는 일은 결코 없다. 사람이 무엇을 하든 정의는 통치를 멈추지 않는다. 정의의 영원한 왕좌는 공격을 받는 일도 위협을 당하는 일도 없다.

항상 올바른 생각을 하는 사람들은 인생에 관한 진실을 알고, 자신의 마음을 미움, 강한 욕망, 과도한 자부심 같은 것에서 해방시킨다. 그들은 나쁜 것들을 모조리 씻어낸 마음의 눈으로 세상을 있는 그대로 본다. 이 때문에 그들의 마음에서 평온함이 사라지는 일은 없고, 아무리 타인에게 심한 일을 당하더라도 그들의 마음에서는 부드러움으로 가득 찬 측은함이 솟아나고 결코 미움이 솟아나지는 않는다.

그들은 또한 자신이 정말 모르는 것을 마치 아는 것처럼 말하지 않는다. 자신이 정말로 알고 있는 것은 자신이 실제로 행하고 있는 것임을 알고 있기 때문이다.

우리는 여러 가지를 배울 수 있다. 그러나 단지 배우기만 해서는 평온함에 가득 찬 인생의 승리는 가질 수 없다. 아무리 연구해도 슬픔이나 고뇌는 극복할 수 없다. 우리가 내면의 악을 극복했을 때에만 지속적인 평안함을 가질 수 있다. 우리가 항상 정의로 일관했을 때에만 슬픔이나 고통에 이별을 고할 수 있다.

내면에 악을 가진 사람들도 어떠한 형태로든 성공을 거두는 경우가 있을 것이다. 그러나 항상 올바른 마음의 자세로 고귀하고 현명하게 살아가는 사람만이 불안에서 완전히 해방된다. 그들만이 인생에서 빛나는 성공을 이루어 항상 평안함을 느끼며 살아갈 수 있다.

진리는 결코 흔들리지 않는다. 진리는 결코 혼란을 일으키지도, 어떤 것에 의해 파괴되지도 않는다. 자신의 마음을 '진리'에 따르게 하고 항상 올바른 생각을 하면서 살아가는 사람은 인생을, 더 나아가서는 죽음도 훌륭히 극복하는 사람이다. 이런 사람에게는 항상 승리가 약속되어 있다. 왜냐하면 정의야말로 이 우주를 지배하고 있는 법칙이기 때문이다.

07

온화함과 성공

'진리'에 따라 사는 사람은 항상 온화하다. 순수한 마음과 인생에는 초조, 흥분, 불안, 두려움을 위한 장소가 존재하지 않기 때문이다.

온화함은 사람이 가진 모든 장점을 한층 더 빛나게 하는 눈부신 빛이다. 이것은 성자의 머리를 장식하는 후광처럼, 모든 장점을 아름다운 빛으로 감싸 돋보이게 한다.

한편, 온화함이 없으면 모든 장점은 색이 바래고 만다. 온화함이 결여된 사람이 보이는 강점은 약함의 다른 표출이다. 외부의 불쾌한 사태에 의해 바로 마음이 흐트러지고 마는 사람이 얼마나 강하다고 할 수 있겠는가. 아무리 강하게 군다 하더라도 그런 사람이 얼마나 영향력을 행사할 수 있겠는가.

진정 현명한 사람들은 자신의 생각과 행동을 항상 점검하는 습관을 갖고 있다. 이들은 이 습관에 따라서 자신을 통제하면서 그 결과 서서히 온화함을 익히게 된다. 사람은 완벽한 온화함을 가질 때, 지속적인 영향력과 바람을 실현시킬 수 있는 힘 그리고 인생의 진정한 기쁨을 가질 수 있게 된다.

반면 자신을 점검하는 습관을 갖지 못한 사람들은 언제까지고 온화함을 가질 수 없다. 그들은 자신이 가진 감정의 노예로 살아가고 있는 사람들이며, 과도한 흥분이나 부당한 기쁨만 추구하면서 항상 불안에 떨고 있다. 그런 그들에게는 온화함은 물론이고 인생의 승리도, 진정한 기쁨도 결코 찾아오지 않는다.

그들은 평화를 구하며 기도할지도 모른다. 그러나 그것은 결코 진심으로 구하는 것이 아니다. 아니면, 그들이 말하는 평화라는 단어는 그들이 갖기를 원하는 또 다른 찰나적 기쁨을 의미하는 것인지도 모른다.

온화한 사람의 인생

완벽하게 온화한 인생은 후회나 자책으로 이어질 찰나적 쾌락과는 인연이 없는 인생이다. 완벽하게 온화한 사람이 바보 같은 기쁨에 몸을 맡긴 후에, 마찬가지로 바보 같은 낙담을 맛보는 일은 생각할 수도 없다.

온화한 인생은 그 자체가 기쁨이며 지극한 복이다. 대부분 사람들이 어쩔 수 없다는 듯 처리하고 있는 일상의 의무도, 온화한 사람에게는 기쁨의 씨앗이다. 그렇다. 온화한 인생 속에서 '의무'라는 단어는 '행복'과 동의어다. 거기에서 의무는 행복을 빼앗는 것이 아니라, 행복을 가져다주는 것이기 때문이다.

온화한 사람이란 모든 것을 올바르게 있는 그대로 볼 수 있는 사람이며, 의무를 다해 누군가에게 도움이 되는 일은 그에게 오직 기쁨일 뿐이다. 감정의 노예가 된 사람들, 즉 사물을 있는 그대로 볼 수 없는 사람들의 인생에서만 의무와 행복이 분리되어 있다.

완벽한 온화함에 도달하기는 결코 쉬운 일이 아니다. 사람의 마음은 원래 찰나적 쾌락을 얻으려는 저속한 욕구에 지고 마는 경향이 있기 때문이다.

하지만 온화함에 이르는 길은 지극히 단순하다. 우선 마음속에서 이기적이며 저속한 갈망이나 생각을 전부 제거한다. 그다음 어떤 나쁜 반동도 일으키지 않는 지속적 만족과 영원한 평화를 제공해주며, 어떤 일이 있어도 영원히 존속하는 진리와 조화를 이루는 순수한 바람이나 생각으로 그것을 강화하면 된다.

즉, 모든 것이 자기 컨트롤의 열매인 것이다. 인생이란 이렇게 단순하다. 자기 컨트롤을 계속해나감으로써 머지않아 누구나 자신에게는 기쁨이며 주위 사람들에게는 은혜인, 더없이 온화한 사람으로 성장하게 된다.

그리고 자기 컨트롤을 잘해나가려면 매일 지속적인 실천을 하는 것 이외에 다른 비결은 없다. 만일 당신이 변함없는 온화함을 갖고 싶다면 자신의 결점들을 제거하려는 노력을 매일 계속해야 한다. 이것들을 이해하고 자신의 인격 속에서 어떻게 제거하면 좋을까 연구하면서 말이다.

이것을 끈기 있게 계속하면 당신은 자신의 결점에 대한 승리를 하나하나 쌓아가게 된다. 승리를 얻을수록 당신의 온화함은 그만큼 커진다. 그리고 이것이 지속적으로 당신의 인격에 더해진다. 당신은 결국 완벽하게 고매하고 강한 존재로 성장해 자신이 해야 할 것들을 항상 완벽하게 행하고, 어떤 상황에서도 완벽한 온화함을 유지할 수 있게 될 것이다.

당신이 이 궁극적인 평온함에 도달하는 것은 어쩌면 이 생애가 아닐지도 모른다. 설령 그렇다 하더라도 신경 쓸 필요 없다. 노력만 꾸준히 하면 이 세상의 평화와 발전에 충분히 큰 공헌을 할 수 있는 온화함의 수준까지 틀림없이 도달할 수 있다. 이때 당신은 분명한 인생의 승리자이며, 승리자로서 다음 생애로 향할 수 있다.

이기적인 자아를 포기하자

이기적인 자아를 극복하는 과정에서 사람은 자신의 마음과 인생에 관한 귀중한 지혜를 얻게 된다. 스스로 획득한 이 신성한 지식이야말로 평온함의 근원이며, 이것이 없으면 마음의 지속적인 평화는 영원히 찾아오지 않는다. 격한 감정에 몸을 맡긴 채, 이 지식을 얻지 못한 사람은 아무리 시간이 흘러도 온화함이 통치하는 신성한 장소에 도달할 수 없다.

온화함은 그것과 접촉하는 모든 사람의 마음에 평온함과 용기를 가져다주는, 더없이 아름다운 인격적 요소다. 자신을 컨트롤하고 자신의 약함을 극복할 수 있을 정도로 강한 사람은, 삶에서 만나게 되는 약한 사람들을 위로하고 용기를 북돋아줄 정도로 강한 사람이기도 하다.

온화함은 자기 컨트롤의 아름다운 과실이다. 이것은 완벽한 맑음을 목표로 강한 인내심을 갖고 고뇌의 불 속을 전진하면 서서히 몸으로 체득하게 된다.

온화함을 얻은 사람들은 자신의 내면에서 신성한 지식과 행복의 샘을 발견한 사람들이다. 이 샘은 결코 마르는 일이 없다. 그들의 파워는 그들 자신의 완전한 통치하에 있으며, 그들의 능력은 한계를 모른다. 그들이 자신의 에너지를 어디로 이끌든 그들이 다다르는 곳에서는 항상 그들의 강력한 파워가 드러난다. 왜냐하면 그들은 항상 모든 현상을 있는 그대로 볼 수 있어, 어떤 상황을 대하든 가정이나 상상이 아닌 진실에 근거해 행동하기 때문이다.

그들은 이기적인 생각을 배제하고 법칙에 따름으로써 우주의 파워와 일체화를 경험한다. 그들의 마음이 가진 능력은 이미 이기적인 자아의 속박에서 해방되어 완전한 자유를 되찾았다.

그들은 또 자신의 소유물이 하나도 없다는 감각을 갖고 있다. 자신이 체득한 고매한 인격조차도 개인의 것이 아니라 우주의 것이라고 느낀다. 이제 그들은 '우주 의식'의 완전한 일부가 되었다.

그들은 이기적인 자아를 포기함으로써 그것에 뒤따르는 탐욕, 고뇌, 불안, 두려움 같은 것들로부터도 멋지게 해방된 사람들이다. 그들은 항상 온화하게 행동하고, 그렇게 함으로써 얻게 된 모든 결과 역시 온화하게 받아들이고 있다.

궁극적인 온화함을 추구하며

지극히 온화한 사람들이란 무엇을 해도 성공하는 사람들이다. 혼란스러운 마음의 소유자들이 실패를 체험하는 장소에서도 그들은 멋지게 성공을 거둔다. 이미 내면에서 모든 문제나 어려움을 극복하고 있기 때문이다. 사람은 내면을 통치하는 데 성공해야 비로소 외부를 통치하는 진정한 능력을 가질 수 있다.

온화한 마음은 명석하며 능력이 넘친다. 어려운 상황을 상세한 데까지 있는 그대로 볼 수 있다. 또 동시에 그 상황에 대한 최선의 대처법을 정확하게 찾아낼 수 있다. 우연한 행운 같은 것이 존재하지 않는다는 사실도 잘 알고 있다. 따라서 온화한 마음의 소유자들은 무엇을 할 때든 상황을 정확하게 파악하고 나서 움직이기 시작한다. 우연한 행운을 바라면서 되는대로 행동하는 일은 그들에게 있을 수 없다.

혼란스러운 마음은 길을 잃고 헤매는 마음이다. 이것은 진실을 보는 눈을 잃고 자신이 나아가야 할 방향을 보지 못한 채 커다란 불안을 안고 헤맨다.

지극히 온화한 사람들은 그들이 직면하는 모든 상황에서 승리를 거둔다. 아무리 어려운 상황도 그들을 두렵게 하지 못한다. 그들을 당혹스럽게 하지도 못한다. 그들의 더없이 온화한 마음은 더없이 강한 마음이며 어떠한 사태에서도 결코 흔들리지 않는다.

인생의 승리자가 되기 위해서는 지속적인 온화함이 반드시 필요하다. 지나가는 눈앞의 상황에 괴로워하는 것은, 인생에 관한 진정한 이해가 부족하고 마음이 충분히 정화되지 못했다는 증거다. 자신의 이기적인 자아를 즐겁게 하는 한, 우리는 언제까지고 인생의 승리자가 되지 못한다.

우리는 제대로 눈을 떠야 한다. 그리고 자신의 슬픔이나 어려움은 불완전한 마음 상태 때문에 생긴다는 사실을 확실히 인식해야 한다. 우리가 가진 고뇌의 원인은 외부의 사태나 다른 사람들에게 있는 것이 아니라 우리 자신에게 있는 것이다.

탐욕스러운 사람이 돈을 추구할 때 보이는 진지함으로, 철저한 온화함을 추구해야 한다. 도중에 포기하지 말고 궁극적인 온화함을 추구하는 것이다. 결국 당신은 더없이 우아하고 현명하고 강한 사람으로 성장하게 될 것이다. 당신이 궁극의 온화함에 도달하는 것은 이때다.

완벽하게 온화한 마음이 있는 장소에는 반석 같은 강함과 커다란 평온함, 깊은 사랑과 지혜, 그리고 이기적인 자아와의 오랜 싸움에서 승리를 거둔 더없이 고귀한 인격이 있다.

08

통찰력과 고귀함

맑고 바르게 살려고 노력하는 사람에게는 언젠가 통찰력이라는 신성한 지각이 생긴다. 이 지각은 사태의 원인이나 본질을 꿰뚫어보는 능력이며, 이 능력을 소지한 사람을 고귀함 속에 단단히 정착시켜, 이 사람이 악의 유혹에 굴하는 일 없이 이 세상에서 해야 할 일들을 힘차게 해나갈 수 있도록 해준다.

지속적으로 자기 컨트롤을 실천해 인생에 관한 이해가 성숙하면 마음의 나쁜 성질은 소멸되고 잘못된 행동은 모습을 감추게 된다. 우리 자신이 하는 생각, 행동, 체험 전부를 '원인'과 '결과'의 경계 없는 연쇄의 일부로 지각할 때, 지극히 자연스럽게 선(善)의 편을 들게 되고 나쁜 것들을 마음속에서 영원히 추방할 결정을 내리게 된다.

우리가 인생 속에서 기능하고 있는 공정한 '법칙'을 명확하게 지각할 때부터 우리는 고귀함 속에 단단히 고정된다. 이 이전에도 우리는 어느 정도 좋은 생각을 하고 좋은 행동을 한다. 그러나 정의의 갑옷으로 완벽하게 보호되고 최후의 피난처 안에서 궁극적인 편안함을 누리기 위해서는, 선과 악을 명확하게 식별함과 동시에 그것들이 이끌어낼 결과를 정확하게 꿰뚫어보는 통찰력이라는 신성한 지각을 반드시 가져야 한다.

이 지각을 충분히 체득할 때까지 우리는 빈번히 유혹에 지고 잘못을 저지른다. 우리가 유혹에 노출되는 것은 우리의 인격 안에 여러 가지 약점이 있기 때문이며, 이 약점들은 제거되지 않는 한 마음의 눈을 계속해서 어둡게 만든다.

그러나 우리는 몇 가지 잘못을 저질렀을 때, 이 약점들 중 하나 혹은 몇 가지를 알아차릴 수 있게 된다. 그리고 이어서 이것들을 제거하기 위해 의식적인 노력을 시작할 수 있다.

이렇게 해서 만일 우리가 이것들을 제거하는 데에 성공한다면 우리는 그만큼 보다 고귀한 사람으로 진화하게 된다. 그러는 동안 진실을 꿰뚫어보는 힘도 확실히 자라난다.

악이란 다름 아닌 무지다

사람들은 가끔 타인에게 잘 보이기 위해서, 실제는 그렇지 않으면서도 상당히 고귀한 사람인 것처럼 행동할 때가 있다. 그러나 그들을 보고 있던 사람들이 자리를 뜨거나, 이기적인 욕망을 자극할 만한 상황이 발생하면 감추고 있던 약함이나 비겁함이 갑자기 모습을 드러내 그들의 진정한 모습을 노출시키게 된다. 한편, 진정한 고귀함을 체득한 사람들의 맑음이나 강함은 유혹에 노출되거나 비상사태에 직면했을 때 한층 더 아름답게 그 빛을 발한다.

통찰력은 악에 의한 통치를 끝낸다. 완벽한 통찰력을 가진 사람들은 어떠한 잘못도 범할 수가 없다. 선과 악의 성질을 '원인'과 '결과'의 관점에서 완벽하게 이해하고 있기 때문이다. 이런 사람이 악을 선택하고 선을 거절하는 행동은 도저히 불가능한 일이다.

나쁜 행동은 무지에서 생겨난다. 이것은 마음의 눈이 왜곡되었든지 발달하지 못한 결과이며, 선과 악의 성질에 관한 이해에 혼란을 일으키기 때문에 발생한다.

고귀함을 높이는 여행의 초기 단계에서 사람은 악의 힘에 직면하고 그 압도적인 권위에 당혹스러워한다. 그러나 이윽고 통찰력이 생기고 그 신성한 빛이 마음과 인생을 비추면, 악이란 작고 어둡고 힘을 갖지 못하며, 단순히 선이 부정되는 상황에 지나지 않는다는 사실을 알게 된다.

'악은 지성의 힘이 아니라, 그 본질은 무지이며 모든 잘못과 고통이 그 속에서 나온다'는 사실을 알 때부터 우리는 악을 미워할 수 없게 되고, 죄를 범하고 고뇌하고 있는 사람들에게 동정심을 갖게 된다.

악의 성질과 악이 생겨나는 이유를 알고 나면 악을 극복한 사람들은 아무리 죄가 깊은 사람이라도 미워할 수가 없다. 그들은 죄를 범하는 사람의 인격이 낮다는 사실을 간파하지만 그것이 무지 때문임을 알며, 통찰력을 갖지 않으면 혐오나 경멸을 느끼는 것이 당연한 상황에서도 가엾게 여겨 응원하게 된다. 통찰에는 항상 사랑이 따르며, 동정심은 지식에서 생겨난다.

자기 정화의 과정에서 길러진 통찰력은 이윽고 완벽한 수준에 도달해, 성숙한 인격으로서 그 모습을 드러낸다. 이 인격 속에는 흔들리지 않는 강함과 부드러움이 공존한다.

정의를 실행하는 사람들

선의가 쌓이면 통찰력이 길러진다. 그리고 통찰력은 선의를 오래 지속하도록 만든다. 마음을 사랑 속에 고정시킨다. 순수와 고귀함으로 마음을 채우며 사람의 이마에 '신성(神性)'이라고 쓰인 실(seal)을 붙인다.

이와 같은 마음을 갖게 된 사람들은 이미 환경의 변화에 휘둘리지도 않고 주위 사람들의 동요에 말려드는 일도 없다. 그들은 '지고(至高)한 선'에 도달했고 그것에 대해 잘 알고 있는 사람들이다. 이 때문에 어떠한 악도 그들을 해칠 수 없으며 그들을 해치려 하는 악은 그들의 관심 밖에 있다. 그들이 관심을 갖고 있는 것은 선뿐이다.

그들은 사람이 나쁜 행동을 하는 것은 선과 악에 관한 이해가 부족하기 때문임을 알고 있다. 따라서 그들의 마음은 항상 평온하며 그 속에는 타인을 미워하는 마음이 끼어들 여지가 없다.

이와 같은 사람들의 인생은 아무리 사회적으로는 눈에 띄지 않더라도 지극히 파워풀하다. 선의는 이 세상에서 가장 파워풀한 것이기 때문이다. 그들은 단지 살아 있는 것만으로 인류에게 이루 말할 수 없는 이익을 가져다주고 있다. 선의의 힘은 굉장하며 이 세계의 운명은 지금까지 항상 선의의 손안에 있어왔다. 앞으로도 영원히 그럴 것이다.

선량한 사람들은 인류의 길잡이며 해방자다. 이들은 지금 인류의 진화 여행을 급격히 빠르게 가속시키고 있다. 단, 이를 위해 이들이 이용하고 있는 힘에 신비성은 전혀 없다. 이들이 이용하고 있는 것은 그들 자신의 선의와 모범적인 삶의 방식이라는, 지극히 현실적이며 실용적인 힘이다. 이들은 미숙한 마음의 소유자들이 좋아하는 '기적을 행하는 사람들'이 아니라, '선한 법칙'에 봉사하는 '정의를 실행하는 사람들'이다.

이 세계가 악의 지배하에 놓인 적은 지금까지 한 번도 없었다. 앞으로도 영원히 그런 일은 없을 것이다. 왜냐하면 만일 그런 상태가 된다면 존재하는 모든 것이 사라질 것이기 때문이다. 빛이 차단된 상황이 어둠인 것과 마찬가지로, 악이란 선이 차단된 상황에 지나지 않는다. 빛이 없으면 어둠은 출현할 수 없듯이, 선이 없으면 악은 출현할 수 없다. 어느 쪽이 힘이 있느냐는 말할 필요도 없다.

악은 이 세상에서 가장 약한 것이고 아무것도 이룰 수 없다. 우주는 선을 후원할 뿐만 아니라, 우주 자체가 선이다. 악은 항상 영향력을 행사하지 못하고 패주한다.

사람에게 행복을 가져다주는 비전

통찰이란 진리의 빛을 비춰서 보는 것이다. 진리의 빛은 모든 것을 노출시킨다. 태양빛이 이 세계 모든 물체의 진정한 모습을 드러내는 것처럼, 진리의 빛은 마음속에 들어가면 인생을 구성하는 모든 것의 진실한 모습을 드러낸다.

진리의 도움을 받아 자신의 마음을 관찰하는 사람은 모든 마음을 관찰하는 사람이다. 오랜 기간에 걸친 관찰을 통해, 자신의 내면에서 기능하고 있는 '완벽한 법칙'을 깨달은 사람은 이 우주를 성립시키고 있는 '신의 법칙'을 깨달은 사람이다.

통찰력은 잘못을 몰아내고 미신에 종지부를 찍는다. 무지가 모든 잘못의 근원이다. 사람들은 무지 속에 머무르면서 서로의 신념을 공격한다. 자신의 무지를 제거할 때, 사람은 빛을 얻는다. 미신은 무지에서 생겨난다.

어두운 눈으로 바라볼 때, 사람들은 사악한 것을 본다. 이것은 무지의 망상이다. 마음속에 '법칙'에 반하는 것이 있을 때, 사람들은 현실에는 존재하지 않는 괴물이나 공포에 대한 상상으로 괴로워한다.

순수한 통찰력이 있는 장소에 공포는 없다. 악마, 악령, 질투심 많은 신들, 흡혈귀, 그리고 이외에 모든 신학상의 마물(魔物)들이 그것들이 탄생시킨 어두운 악몽과 함께 이미 깨끗이 소멸되었다. 순수한 사람의 기쁨에 찬 눈앞에는 항상 신성한 법칙과 조화를 이루는 아름다운 우주가 펼쳐진다.

완벽한 통찰력의 소유자들은 성자들의 비전, 즉 '사람들에게 행복을 가져다주는 비전' 속에 살아가고 있다. 이들은 자아와 슬픔을 극복하기 위한 장거리 여행을 끝낸 인생의 위대한 승리자들이며 기분 좋은 편안함과 기쁨이 항상 이들을 감싸고 있다.

이들은 이 세상에 존재하는 모든 문, 고난, 고통을 다른 사람들보다 있는 그대로, 그리고 선명하게 보고 있다. 이들에게 이것들은 우연히 눈앞에 나타난 것이 아니다. 모든 사태가 특정한 원인을 갖고 특정한 시작과 성장 과정을 거쳐 출현한다. 이들은 이런 사실을 잘 알고 있다.

이들은 모든 사람이 성장하는 중이라는 사실을 알고 있으며 성장을 변화와 고통을 수반하는, 미숙에서 성숙으로의 여행이라고 본다. 따라서 아무리 심한 잘못을 저지르고 있는 사람들을 보더라도 이들의 눈에는 어린아이를 지켜보는 어머니 같은 상냥함이 깃든다.

이들은 어떤 장소에서든 항상 정의가 집행되고 있다는 사실을 안다. 사람들이 악의 승리에 분개할 때에도 이들은 차분하다. 악이란 단순히 일시적으로 선의 빛이 차단된 그늘에 불과한 것이고 그런 것이 승리를 거둘 수 없다는 사실을 알고 있기 때문이다. 이들은 항상 '지극히 높은 정의'를 바라본다. 이것은 비록 세속적인 눈에는 보이지 않을지도 모르지만 그 기능을 영원히 정지시킬 수는 없다.

이들의 마음의 눈에 비치는 악은 작고 약하고 어리석어 선의 위엄, 그 무적의 힘과 전능한 지혜 앞에서는 보이지도 않는다. 따라서 이들의 마음은 항상 정의와 선 위에 고정되어 있다. 이들은 진리에 충성을 맹세하고 정의와 선을 행하면서 더없는 기쁨을 느낀다.

마음속에 통찰력이 생겼다면

마음속에 통찰력이 생기면 현실이 명확해진다. 이 우주와 분리된 형이상학적인 현실도 아니고, 인생에서 분리된 공상적인 현실도 아닌 우주 그 자체, 인생 그 자체, 있는 그대로의 현실이다.

통찰력은 변화나 쇠퇴를 아랑곳하지 않는다. 왜냐하면 이것은 변화 속에서 불변하는 것을, 일시적인 것 속에서 영원한 것을,

죽어가는 것들 속에서 영원한 것을 보고 있기 때문이다.

인류의 위대한 스승들의 흔들림 없는 고귀함은 이 지각 위에 세워져 있다. 이들은 현실 속에 머물고, 그 속에서 진실을 볼 수 있는 사람들이다. 인생에 관한 진실을 완벽하게 알고, '정의의 법칙'을 이해하고 항상 그것에 따라 살고 있는 사람들이다.

이들은 자아를 극복함으로써 모든 망상을 극복해왔다. 죄를 이김으로써 슬픔을 물리쳤다. 자아를 정화시킴으로써 완벽한 우주를 알기에 이르렀다.

항상 정의, 순수, 선을 선택하고 그것들을 절대로 손에서 놓지 않으면서, 모든 오해와 오만한 무례함, 그리고 패배 속을 돌진하는 사람들은 결국에는 완벽한 통찰력을 지니게 된다.

이때부터 이들의 마음의 눈은 모든 진실을 볼 수 있게 열리며, 아픔을 동반하는 자기 컨트롤은 더 이상 필요하지 않다. 이때부터 이들을 괴롭히거나 슬프게 할 수 있는 상황은 하나도 없고, 이들이 맑음과 기쁨에서 멀어지는 일은 영원히 없을 것이다.

이때 우주는 이미 달성된 선의 완전한 승리에 환호하고 새로운 인생의 눈부신 승리자들을 찬미한다.

09

자기 인생의 통치자

이기적인 자아가 완벽하게 정복된 뒤에는 '신성 의식'으로 알려진 숭고한 의식이 모습을 드러낸다. 이것은 문자 그대로 신의 성질을 갖는 의식으로, 이기적인 바람이나 그것에서 생겨나는 화, 후회, 슬픔 같은 것들과는 전혀 관계없는 인식이며, 자아가 아닌 모든 진실, 인류, 세계, 그리고 우주를 향해 그 얼굴을 든다.

하지만 그렇다고 해서 이 의식이 개인적 기쁨을 완전히 배제하고 있다는 말은 아니다. 신성 의식을 통해 느껴지는 개인적 기쁨은 올바른 생각이나 행동의 결과인, 완벽하게 순수한 기쁨이다.

신성 의식 속에는 슬픔도 고통도 없다. 죄의식도 없다. 그것들의 원인이 될 만한 것이 없기 때문이다. 그 속에는 생명의 구조와 목적이 전부 드러나 있으며, 모든 사물이 있는 그대로 보이고 알려진다.

이 의식을 예수는 '천국'이라 불렀다. 부처는 '열반'이라 부르고, 공자가 '도(道)'라 부른 것도 이 의식이다. 같은 것을 에머슨은 '대령(大靈)'이라 불렀다. 버크 박사(Dr. Richard M. Bucke, 캐나다의 정신과 의사 — 옮긴이)는 '우주 의식'이라 부르며, 이것을 제목으로 해서 훌륭한 책을 집필했다.

평상시 사람의 의식은 자아의식이다. 이것은 자아를 다른 무엇보다도 위에 놓는 의식으로, 자아가 사라지는 것을 언제나 두려워하고 있다. 자아의식에게는 자아의 상실이 생각할 수 있는 가장 불길한 재난이며, 자아를 온전하게 지키는 것이 가장 중요하다.

신성 의식 속에서 이런 생각은 전혀 끼어들지 않는다. 신성 의식이란 이기적인 자아를 완벽하게 초월한 의식이기 때문이다.

자아의식은 욕망의 노예가 된 의식이다. 한편 신성 의식은 그 욕망을 부리는 통치자다. 전자는 '이것은 즐겁다, 저것은 괴롭다'라고 생각한다. 후자는 항상 '정의의 법칙'에 따르며 기쁨만 느낀다.

신성 의식에 도달하기

인류는 지금 자아의식을 통과해 신성 의식으로 향하는 진화를 겪고 있다. 다시 말해, 우리는 지금 자아의 노예로 살아가는 '부자유한 인생'에서, 자아의 통치자로 살아가는 '자유로운 인생'으로 이동하고 있는 것이다.

인류의 위대한 스승들은 이미 그 장소에 도달했다. 이들은 이미 자아의식을 초월한 신성 의식에 도달했으며, 이 지구 상에서 도달할 수 있는 최고의 진화를 달성했다. 이들은 인생에 대한 완벽한 지식(깨달음)에 도달한 사람들이며, 이미 자아의식과 함께 거듭날 필요가 없는 사람들이다.

이들 중에는 신으로 추앙받는 사람들도 있다. 이들의 완벽한 신성 의식이 이들의 고귀한 언동을 통해 드러나고 그것이 자아의식에만 익숙한 사람들의 눈에는 굉장히 신비한 것으로 비치기 때문이다. 그러나 신성 의식에는 어떠한 신비도 없다. 그것은 이기적인 자아를 소멸시키면 누구나 도달할 수 있는 지극히 현실적인 의식이다.

사람이 이 신성 의식에 도달하기 위해서는 오랜 세월 동안 자신을 지배해온 자신의 감정을, 반대로 완벽하게 지배할 수 있을 정도로 현명하고 부드럽고 강해져야 한다. 자신을 완전히 통치한 사람만 이 의식에 도달할 수 있다.

자아의식이 강한 사람들은 노예 인생을 걷고 있는 사람들이다. 이들은 컨트롤되지 않은 감정이 이끄는 대로 살아가고 있으며, 슬픔이나 고통을 쉼 없이 느끼며 살아간다. 이들의 마음의 눈에는 슬픔이나 고통에서 벗어나기 위한 길은 보이지 않는다.

그래서 어떤 사람들은 그 길의 대체품으로 신학을 발명했다. 그러나 이것은 불확실한 희망에 의한 일시적인 위안을 제공해줄 뿐, 이들을 슬픔이나 고통에서 완전히 구출해주지는 않는다.

반면에 신성 의식에 도달한 사람들은 인생의 완벽한 승리자들이다. 이들은 이미 이기적인 자아를 완벽하게 제거했으며, 항상 진리를 따라 살아가고 있다. 그리고 이 의식의 존재를 알고 거기에 도달하는 것을 목표로 삼고 있는 사람들도 있다. 그들은 의식적으로 자신의 마음을 그 방향으로 이끌면서 슬픔이나 고통을 압도하는 파워가 내부에서 서서히 증가하는 것을 느낀다.

그들은 슬픔이나 고통에서 자신을 구출해내기 위한 자기 컨트롤이라는 확실한 길을 알고 있다. 이미 그들에게 신학의 도움은 필요하지 않다. 그들은 지금 순수함과 힘의 증가를 기뻐하고 승리의 기분을 빈번히 맛보면서, 자기를 컨트롤하는 길을 걸어나가는 중이다.

그리고 드디어 그들에게도 이 길을 다 걷는 날이 온다. 그때부터 그들은 인생의 완벽한 통치자로서 온화한 강함과 행복에 찬, 더없이 단순하고 자유로운 인생을 걷기 시작한다. 이때 그들은 진리와 조화를 이루지 않는 마음의 요소를 하나도 갖지 않고, 슬픔이나 고통에서 자신을 완전히 해방시킨다.

이기적인 자아를 압도하고 버릴 수 있는 사람만큼, 현명하고 온화하고 행복한 사람들이 또 있을까? 슬픔의 폭풍이 아무리 매

섭게 몰아쳐도 그들을 떨게 할 수 없다. 불안이나 공포는 그들이 있는 장소를 피해 지나가고 주위의 모든 비난, 공격, 중상도 그들을 괴롭힐 수 없다. 그들의 세계는 항상 평화롭고 온화하며, 어떤 사람도 어떤 힘도 어떤 사태도 그들에게서 평안함을 빼앗을 수 없다.

자아 이외에 적은 없다

사람은 자아 이외에 어떠한 적도 갖지 않는다. 무지하지 않은 한 어떠한 죄도 범하지 않는다. 진리를 거스르지 않는 한 어떠한 고통도 맛보지 않는다.

화, 미움, 후회, 탐욕, 실망, 죄, 슬픔—이런 것들과 계속해서 관계하는 사람을 결코 현명하다고 말할 수 없을 것이다. 이것들은 전부 자아의식에 속하는 것으로 어리석음, 약함 그리고 인생의 패배자라는 표시다.

진정으로 현명한 사람은 항상 온화하고 부드럽고 상냥하고 인내심 강하게 행동하고, 모든 사물을 있는 그대로 받아들이며 필요 이상으로 욕심내지 않으며 슬퍼하지 않으며 실망도 후회도 하지 않는 사람이다. 이렇게 하는 것은 모두 신성 의식의 속성이며, 깨달음, 강함, 통치의식의 표시다.

부나 명예, 쾌락 같은 것을 갈망하지 않고, 이미 갖고 있는 것으로 기뻐하며, 설령 그것을 빼앗겼다 하더라도 슬퍼하지 않는 사람, 이것이 진정으로 현명한 사람이다. 반면에 부나 명예, 쾌락 같은 것을 갈망하고, 아무리 가져도 기뻐할 줄 모르고, 조금이라도 빼앗기면 한탄하고 슬퍼하는 사람, 이것이 어리석은 사람이다.

사람은 통치자로서 빛나는 인생을 살기 위해 여기에 있다. 단, 여기에서 말하는 '통치자'는 자아를 통치하는 사람이지, 무력으로 국민을 통치하는 사람이 아니다. 아무리 국민을 통치하더라도 인생의 승리자는 될 수 없다. 인생의 완전한 승리를 손에 넣을 수 있는 것은 자아를 통치하고 신성 의식에 도달한 사람뿐이다.

국민을 통치하는 사람도 물론 통치자다. 그러나 이 통치는 '이기적인 왕관'이며 언젠가는 반드시 붕괴된다. 한편 자아의 통치는 '고귀한 왕관'이며 한번 달성되면 영원히 지속된다.

자아에 의한 속박을 타파하고 항상 '진리'에 따라 살아가는 사람들은 인생의 완전한 통치자며, 신성 의식이라는 빛나는 왕관과 함께 영원한 승리 속에 살아간다. 그들은 마음의 혼란과 인생의 거친 파도를 훌륭하게 극복해왔다. 그리고 이제는 주위의 어떠한 상황보다 높은 위치에 올랐다.

이제 그들은 인생에서 생기는 일들에 웃고 우는 나약한 노예가 아니라, 신성 의식이라는 왕관을 머리에 쓰고 모든 사물을 차분하게 관찰하는 통치자들이다. 더 이상 그들은 죄를 범하는 일도, 우는 일도 없다. 죽음을 두려워하는 일조차 없다. 이제 그들은 깊은 평온함 속에서 신성 의식을 통해 영원한 생명을 명확하게 인식하고 있다. 인생의 통치자, 이것은 죽음까지도 극복한 승리자인 것이다.

10

지식과 승리

완벽하게 승리한 인생은 완벽한 지식을 얻은 인생이다. 단, 여기에서 말하는 지식이란 학교에서 배우거나 책을 읽어서 얻는 것이 아니라 스스로의 체험을 통해서 얻을 수 있는, 인생에 관한 진정한 지식이다.

진정한 신앙, 즉 '선한 법칙'을 신뢰하는 것이 인생의 완전한 승리를 향한 여행의 시작이다. 완벽한 지식은 이 여행의 종착점이다.

신앙은 전진을 가능하게 하고, 완벽한 지식은 목적지다.

신앙은 고뇌를 가치 있는 학습 체험으로 파악하고, 완벽한 지식은 이미 고뇌를 알지 못한다.

신앙은 견디고, 완벽한 지식은 사랑한다.

신앙은 어둠 속에서 믿고, 완벽한 지식은 빛 속에서 알고 있다.

신앙은 노력을 촉구하고, 완벽한 지식은 노력에 왕관을 씌운다.

신앙은 달성 과정에 존재하고, 완벽한 지식은 달성 후에 존재한다.

신앙은 순례자를 돕고, 완벽한 지식은 여행의 마지막에 있는 '평온한 수도원'이다.

신앙 없이 완벽한 지식은 가질 수 없다. 그리고 완벽한 지식이 획득되었을 때 신앙의 역할은 끝난다.

인생에 관한 진정한 지식 없이 인생의 승리는 있을 수 없다. 이 지식을 갖지 않는 한, 우리의 피곤한 발은 언제까지고 휴식을 취하지 못하고, 고뇌하는 마음은 언제까지고 평안할 수 없다.

어리석은 사람은, 현명해지지 않는 한 결코 구원받을 수 없다. 부정한 사람이 깨끗해지지 않는 한, 혼란과 고뇌의 인생에서 결코 해방될 수 없다. 어리석은 사람도 만일 지혜를 익힌다면 그만큼의 구원을 받는다. 부정한 사람도 완벽한 지식으로 이어지는 길을 걸으면, 걸은 만큼 인생의 혼란과 고통에서 해방된다.

지극히 높은 지식을 쌓은 사람의 세계

완벽한 지식을 가진 사람들은 자아를 완벽하게 통치하고 있는 사람들이며, 자신의 어리석음에 대해서도, 부정에 대해서도, 인생의 어떠한 부조화에 대해서도 이미 완벽한 승리를 거뒀다. 이제 그들은 슬픔이나 고뇌로 추했던 마음을 기쁨이나 온화함으로 장식된 새롭고 아름다운 마음으로 완전히 바꿨다.

그들은 나쁜 것이 만연하던 오래된 세계에서 최후를 맞고, '정의의 법칙'과 사랑이 통치하며 나쁜 것이 살 곳을 찾지 못하는, 새로운 세계로 다시 태어난 것이다. 이렇게 해서 그들은 '영원한 선' 아래에서 영원한 생명을 알게 되었다.

지극히 높은 지식을 쌓은 사람의 세계 속에는 불안이나 고통, 탄식, 슬픔, 실망, 후회, 불행 같은 것이 살 장소는 없다. 이것들은 자아의식 속에서는 빈번히 출몰하지만, 지식의 빛이 충만한 신성 의식 속에서는 그 모습을 드러내지 못한다.

인생의 어둠은 지식의 빛이 아직 비치지 않은, 마음의 어둠이다. 이것은 이기적인 자아의 그늘이며, 이 자아의 뒤를 항상 따라 다니고 있다. 강한 욕구 뒤에도 죄의 뒤에도 불행이라는 인생의 어둠이 항상 따라붙는다. 이기적인 자아 속에는 어떠한 평온함도 존재하지 않는다. 어떠한 지식의 빛도 존재하지 않고, 그 대신 방치된 감정과 욕망의 불꽃이 이글이글 타오르고 있다.

안전, 안심, 행복, 평온, 기쁨, 평화—자아를 통치하는 데 성공하고 인생에 관한 모든 진실을 알게 된 사람들만이 이것들을 가질 수 있다. 그들은 이 지식을 토대로 인생에서 생기는 모든 일들을 원인과 결과의 관점에서 있는 그대로 볼 수가 있다.

학문을 추구하는 일반 학자들이, 미숙했던 시절의 연구 실수나 테스트 실패 같은 것을 분하게 생각하지 않듯이, 진정한 지식을 쌓아온 인생의 학자들도 과거에 저지른 잘못이나 어리석음을 분하게 생각하는 일은 결코 없다. 그들의 인생에 슬픔이나 후회가 다시 찾아올 일은 영원히 없는 것이다.

숙련된 학자들은 또한 자신의 능력에 관한 의심이나 불안을 전혀 느끼지 않는다. 그들은 자신의 무지를 완전히 극복한 사람들인 것이다. 그들은 학문을 쌓아왔다. 그리고 자신들이 그렇게 했다는 사실을 '알고 있다'. 왜냐하면 오랜 세월에 걸친 수업이나 연구, 그리고 몇몇의 테스트를 끈기 있는 노력으로 돌파한 후, 아주 어려운 마지막 테스트를 멋지게 패스함으로써 그것을 스스로 증명하고 있기 때문이다. 이제 그들은 앞으로 계속되는 연구 인생 속에서 어떠한 시련이 찾아와도 자신의 능력을 증명하기 위한 좋은 기회로 여기고 기뻐할 뿐, 불안해하는 일은 결코 없다. 그들은 탁월한 능력을 가짐과 동시에 자신의 능력을 알고 있으며 자신감과 능력이 넘친다.

지식을 쌓아온 인생의 학자들도 마찬가지다. 그들은 이제 자신의 운명에 관한 어떠한 불안도 느끼지 않는다. 그들은 자기 마음의 무지를 끈기 있는 노력으로 극복하고 인생에 관한 진정한 지식을 쌓아왔다. 그리고 자신이 그렇게 했다는 사실을 알고 있다. 왜냐하면 예전이라면 크게 화를 냈을 법한 부당한 행위를 타인에게 당했을 때, 지금 그들은 완전한 온화함을 유지할 수 있게 되었기 때문이다.

인생에 관한 지식을 쌓아온 사람들은 타인이 어떠한 잘못을 해도 그것에 상처 입지 않고 괴로워하지도 않는다. 어떤 악도 선이라는 피난처를 자신의 주거로 삼고 있는 사람들을 상처 입힐 수 없다. 그들은 어떠한 악이 접근해도, 자신이 가진 선의 힘을 사용해 그것을 그 자리에서 무력화시킨다.

진정한 사랑 속에 산다

자아의 악몽을 완전히 떨쳐버리고 인생에 대한 완벽한 지식을 얻은 사람들은 우주에 관한 새롭고 빛나는 비전과 함께 눈뜬 사람이다. 이 우주는 선, 사랑, 정의, 질서, 그리고 평화로 가득하다.

이제 이들은 저속한 바람이나 이기적인 목적, 치우친 사랑, 화 같은 것들과는 인연이 없는 높은 곳으로 상승해 영원한 진실을 알고 완벽한 사랑과 평화에 잠겨 있다. 이 때문에 아무리 슬퍼할 만한 상황에 직면하더라도 결코 흐트러지는 법이 없다.

이들은 슬픔의 세계도 초월한 것이다. 하지만 이것은 이들이 차갑고 잔인한 사람이 되었다는 말은 아니다. 이것은 이들이 이제 자신이 아닌 다른 사람들의 행복을 우선으로 생각하는, 진정한 사랑 속에 살고 있다는 증거다. 이기적인 생각은 거기에 결코 들어올 수 없다. 이들이 더 이상 슬픔에 잠기지 않는 것은 이기적인 자아를 갖지 않기 때문이다.

이들은 항상 온화하다. 왜냐하면 자신이 무엇을 받건 혹은 무엇을 빼앗기건 간에 모든 것이 본질적으로는 좋다는 사실을 알고 있기 때문이다. 이들은 슬픔을 사랑으로 감싸는 기술을 배웠다.

이들의 힘에는 잔인함도 강한 욕망도 저속함도 포함되지 않았다. 이 힘은 평화적이며 맑고 신성하며, 인류의 행복에 공헌하기 위한 새로운 길을 항상 찾고 있다.

이제 이들은 인류의 위대한 스승으로서 살아간다. 비록 말수는 적어도 자신들의 행실을 통해 인류를 강하게 인도한다. 이제 이들은 이 우주를 지배하는 '선한 법칙'의 활동을 세계에 알리는 더없이 훌륭한 도구이며, 인류를 높은 수준으로 진화하도록 이끄는 눈부신 빛이다.

이 새로운 시대의 새벽에 이 진리가 다시 한 번 온 세계에 전해지기를 나는 지금 진심으로 바라고 있다. 죄를 범하는 사람에게는 맑음이, 고뇌하는 사람에게는 평온함이, 마음 아파하는 사람에게는 치유가, 그리고 패배자에게는 승리가 틀림없이 찾아올 것이다.

비록 지금 당신이 죄에 더럽혀지고, 욕망으로 마음이 찢어졌다 하더라도 '지극히 높은 선'은 항상 당신과 함께 있으며 당신의 승리를 기다리고 있다. 당신의 내면에는 선의 무적 파워로 지켜지고 있는 요새가 있으며, 진정한 승리자를 위한 눈부신 왕좌가 마련되어 있다. 자, 일어서자. 그리고 이 왕좌에 앉자.

제임스 앨런의 사상과 생애

시대를 넘기며 전 세계인의 사랑을 받는 명상서를 남긴 앨런의 이름 앞에는 항상 '신비'라는 수식어가 따른다. 이 책 《원인과 결과의 법칙》을 탄생시킨 신비의 저자, 신비의 철학자로 말이다.

제임스 앨런은 1864년 11월 28일, 잉글랜드 중부지방에 있는 레스터 시에서 태어났다. 그가 15세 되던 해, 부친의 사업실패로 가족과 함께 미국으로 건너갔으나 얼마 되지 않아 부친은 강도를 만나 목숨을 잃고 말았다. 이런 가정 환경으로 인해 생활은 궁핍해질 수밖에 없었고, 그는 끝내 학교를 떠나야 했다.

이후 1902년까지 몇몇 영국 제조업자와 함께 일하며 집필에 모든 시간을 바치기로 결심했다. 그는 여러 가지 일거리를 전전하며 독학으로 공부해 서른여덟 살에 작가가 되기까지 경영 컨설턴트로서 성공적인 삶을 유지할 수 있었다.

톨스토이의 저작과 사상에 매료되어 명상적 삶을 직접 실천하고자 세속적인 삶을 떠난 것이 1902년. 유명을 달리한 1912년까지 겨우 십 년 남짓한 세월 동안 자신의 체험적 삶을 통해 집필한 열아홉 권의 책은 아직까지 살아 숨쉬는 호흡으로 전 세계 수많은 사람에게 용기를 북돋워주고 있다.

누구나 성공을 향한 마음이 지적으로 갈리거나 또는 그 성공의 노예가 될지도 모른다. 또한 성공만을 향해 걸어갈 때 우리는 자신의 생각과 관찰을 통해 두려운 마음을 갖게 될지도 모른다.

이런 우리 삶의 모든 영역에서 앨런은 옹호자였다. 그의 목표는 괴로움으로부터 사람들을 안심시키기 위해 삶에 보편적이며 정신적인 원리를 밝히는 것이었고, 자신의 능력을 발견하는 일과 그로써 인류를 향상시키는 것이었다. 또한 자신의 개인적 문제의 원인을 발견하고, 어떻게 우리 자신의 최고를 정복하는 힘을 발휘할 수 있는지를 밝히는 것에 초점을 두었다. 앨런의 이런 현명함은 우리 삶에 귀중한 가이드를 제공한다.

무엇이 당신 속에 있는지, 그것은 당신의 세계를 보여준다.

세계를 바라보았고, 그것이 슬픔에 의해 어둡고 괴로움으로 덮여 있는 것을 보았다. 그리고 원인을 찾았다. 거기에서 원인과 결과가 만든 자연을 발견했다. 그리고 더 깊게 바라보았고, 그곳에서 또 다른 결론을 얻어냈다. 그것은 사랑하는 삶과 자기 인생의 주인이 되는 것과 온화하고 순종적인 마음의 진실이었다.

그의 작품 수입은 그리 많지 않았다. 그는 영국에서 출간되는 저서의 저작료만으로 생활하였으며, 국외에서 발간되는 책의 저작권은 모두 포기하였다. 그것은 결과적으로 세계 어느 곳에서나 그의 책이 자유롭게 출간될 수 있는 편안한 조건이 되었으며 세계적으로 독자층을 널리 확대하는 데 크게 기여했다.

> 남편은 사람들에게 어떤 메시지를 전하고 싶을 때에만 글을 썼습니다. 그리고 그가 사람들에게 전하고 싶어했던 메시지는, 그가 자신의 인생에서 실제로 시도해보고 좋다고 확인한 것뿐이었습니다.

앨런의 사후, 아내 릴리(Lily)가 전한 이야기다.

이런 앨런의 메시지는 희망이다. 현명하게 오직 자기 인생의 주인으로 살아가는 방법을 제시하며 그의 깨끗한 사상을 전하는 것이다. 오늘날 우리에게 진실을 알게 했고, 우리의 생각은 그 생각이 시작했던 곳에서 온다는 것을, 삶에서 행복은 자기 안에 존재하는 생각이 만들어낸다는 것을 일깨워준다.

옮긴이 조대호

고려대학교 철학과를 졸업하고, 출판사에서 주로 인문철학 도서를 만들었다.
현재 출판기획과 번역 일을 함께하고 있다.

원인과 **결과**의 **법칙 2**
- 뿌린 대로 거둔다

초판	1쇄 발행	2013년 10월 10일
개정2판	1쇄 발행	2024년 04월 01일

지은이　제임스 앨런
옮긴이　조대호
펴낸이　신민식 신지원
펴낸곳　도서출판 지식여행

책임편집　김민아
디자인　미래출판기획

출판등록　제2010-000113호
주 소　서울시 마포구 토정로 222 한국출판콘텐츠센터 419호
전 화　02-333-1122
팩 스　02-332-4111
이메일　editor@via-episteme.com
영업문의　휴먼스토리 070-4229-0621
인쇄 · 제본　한국학술정보(주)

ISBN 978-89-6109-534-1 (04190)

* 책값은 뒤표지에 적혀 있습니다.
* 잘못된 책은 구입처에서 바꿔 드립니다.
* 이 책의 전부 또는 일부 내용을 재사용하려면 사전에 도서출판 지식여행의 동의를 받아야 합니다.